LES
MISSIONS D'EXTRÊME-ORIENT

PAR

UN MISSIONNAIRE

A. Mame & Fils
Éditeurs
à
Tours

LES
MISSIONS D'EXTRÊME-ORIENT

2ᵉ SÉRIE GRAND IN-8º CARRÉ

PROPRIÉTÉ DES ÉDITEURS

Martyre du R. P. Perboyre.

LES
MISSIONS
D'EXTRÊME-ORIENT

PAR

UN MISSIONNAIRE

TOURS

MAISON ALFRED MAME ET FILS

LES
MISSIONS
D'EXTRÊME-ORIENT

I

L'APOSTOLAT D'AUTREFOIS EN EXTRÊME-ORIENT

L'Extrême-Orient comprend l'Inde, l'Indo-Chine, la Chine, le Thibet, la Corée et le Japon. Dans ces pays nombreux, aujourd'hui si profondément intéressants par le rôle qu'ils sont appelés à jouer dans le monde entier, les missionnaires ont depuis des siècles jeté la bonne semence de la parole divine.

Le premier prédicateur de l'Évangile dans cette partie de l'Asie est l'apôtre saint Thomas, qui fut, dit-on, martyrisé par les brahmanes dans la ville de Méliapour. Bientôt, parmi les chrétientés qu'il a fondées, le nestorianisme fait son apparition et prend une place solide et large, qu'il ne quittera de longtemps; il ne se contente pas de l'Inde, il s'avance jusqu'en Chine, où l'inscription de Si-Ngan-Fou prouve son existence et ses progrès.

Mais, avec les grands moines du moyen âge, le catholicisme reparaît : on le voit s'implanter parmi les Tartares, où Jean de Plan-Carpin est député par le souverain pontife Innocent IV, et Guillaume de Rubruque par saint Louis, roi de France.

La plus célèbre et la plus fructueuse de ces missions est celle de Jean de Montecorvin, qui réussit à se fixer à Pékin, et en devient le premier archevêque, pendant que sont établis en Chine sept évêchés ; puis l'apostolat du bienheureux Odoric de Frioul, qui parcourt une partie de l'Inde, de l'Indo-Chine, traverse la Chine et pénètre au Thibet, sans que, il faut bien l'avouer, ces travaux trop rapides laissent des traces appréciables.

Avec les Portugais, qui, en 1497, doublent le cap des Tempêtes et se rendent maîtres successivement de Ceylan, d'Ormuz, de Goa, de Malacca et de Sumatra, et en moins d'un siècle échelonnent leurs comptoirs le long des côtes d'Asie et d'Afrique, une voie nouvelle s'ouvre à l'Église de Dieu, à l'heure néfaste où Luther allait lui enlever les deux tiers de l'ancien monde.

Les vicaires de Jésus-Christ n'eurent garde de laisser échapper l'occasion qui leur était offerte par la Providence. Pour éviter toute contestation entre les Espagnols, qui venaient de découvrir l'Amérique, et les Portugais, qui avaient retrouvé les routes de la Haute-Asie, Alexandre VI, dans une bulle du 14 mai 1493, traçant une ligne idéale d'un pôle à l'autre, attribuait au roi d'Espagne toutes les terres découvertes ou à découvrir à l'ouest de cette ligne, et donnait au roi de Portugal toutes celles situées à l'est.

Mais il y avait à cette magnifique donation une condition formelle : c'était d'en user uniquement pour la gloire de Dieu et dans l'intérêt des âmes. Le texte de la bulle est précis :

« Nous vous ordonnons, au nom de la sainte obéissance, d'envoyer dans les terres fermes et dans les îles mentionnées des hommes probes, craignant Dieu, habiles et capables d'instruire les habitants desdits lieux dans la foi catholique et les bonnes mœurs. »

Les rois de Portugal, pour ce qui les regardait, remplirent d'abord avec zèle les prescriptions du souverain pontife : des légions de religieux, appartenant aux ordres de Saint-Dominique et de Saint-François, se répandirent dans ces vastes régions pour y prêcher l'Évangile; bientôt la compagnie de Jésus entra à son tour dans la lice, et, dès les premiers jours, elle y conquit le premier rang, avec des hommes comme saint François Xavier, l'apôtre des Indes, le martyr saint Jean de Britto, Robert de Nobili, missionnaire des brahmes, François Lainez, Xavier Borghèse, et des centaines de jésuites dont il serait trop long de rappeler les noms.

Des Indes, saint François Xavier part au Japon, où il convertit des milliers d'hommes à la véritable doctrine du salut; en 1552, il meurt en face de la Chine qu'il rêve de convertir.

L'apôtre disparu, ses frères tentent de réaliser ses derniers vœux; ils ne font pas de miracles, mais ils ont la science à leur disposition, et ils en usent avec une remarquable habileté, qui fait accepter les dogmes catholiques de l'Empire du Milieu.

D'autres prédicateurs évangélisent l'Annam : Ordonnez de Cevallos, Alphonse da Costa, Gonzalez de Sao, et quarante ans plus tard le P. de Rhodes et ses compagnons. La joie de ces succès est attristée par les désastres de l'admirable et féconde Église du Japon, noyée dans le sang de ses adeptes.

Une nouvelle société apostolique naît sur la terre de France, pendant les beaux jours du règne de Louis XIV : c'est la Société des Missions Étrangères, dont le but sera la formation d'un clergé indigène dans l'Extrême-Orient.

Ses premiers évêques, Mgr Pallu, Mgr de la Motte-Lambert, se fixent momentanément à Siam, et réussissent à établir entre ce pays et la France des relations commerciales fréquentes, et à faire signer des traités avantageux pour les deux nations.

Pendant ce temps, leurs missionnaires vont en Cochinchine et au Tonkin, et bientôt en Chine, où leur action se fait utilement sentir.

Mais, hélas! « le sel de la terre s'était affadi, les lampes du Seigneur s'étaient éteintes, et les pierres du sanctuaire se traînaient sur les places publiques. » C'est Massillon qui parle, il décrit le xviiie siècle; est-il nécessaire d'ajouter qu'à cette époque l'élan des missions se ralentit et que les apôtres sont rares?

Il s'en trouva encore cependant. Des jésuites savants et zélés sont à la cour de Pékin, enseignant le catéchisme en même temps que l'astronomie; des dominicains évangélisent le Fokien et une partie du Tonkin, où plusieurs d'entre eux versent leur sang pour la cause de Jésus-Christ.

D'autres missionnaires sont au fond du Su-Tchuen. Le premier par l'âge, par la dignité, par la sagesse, était Mgr Pottier, « un évêque d'or, disait un de ses prêtres, quoiqu'il porte une crosse de bois. »

Il faisait douze lieues par jour, couchait sur la dure, mangeait à peine; toujours doux, toujours poli, de cette politesse que l'on a tant admirée dans le clergé de France. Les prêtres étaient dignes de leur chef : c'étaient M. Alary, observateur judicieux, âme vraiment sacerdotale, qui reviendra au séminaire de Paris enseigner les vertus apostoliques aux aspirants des missions; M. Gleyo, l'ancien supérieur de la petite communauté de Saint-Sulpice, si volontiers dédaigneux des moyens et des raisonnements humains, favorisé de visions merveilleuses, et plongé dans une oraison continuelle; M. Moye, esprit actif, fécond, toujours en éveil, pratiquant le bien, cherchant le mieux; à trente ans, simple vicaire de Metz, il fondait la congrégation des sœurs de la Providence; à quarante ans, au fond du Su-Tchuen, il donnait une nouvelle vie à l'institut des Vierges chrétiennes; MM. Delpon et Devaut, deux prêtres pieux, modestes et zélés; M. de Saint-Martin, intelligence ferme, « pour qui l'ordre et la mesure étaient la pierre de touche de la sagesse; » M. Hamel, qui dépensa quarante ans dans l'obscur mais fécond et saint labeur de la formation du clergé indigène; M. Taurin-Dufresse, qui cachait sous un extérieur froid un coup d'œil sûr et élevé, une générosité de tous les instants et une inébranlable persévérance.

Malheureusement la mission de Siam est ruinée par la guerre des Birmans; l'évêque, Mgr Brigot, est emmené prisonnier à Rangoon, en Birmanie, avec plusieurs de ses prêtres. Il avait pu sauver du pillage quelques objets; il les vendit l'un après l'autre pour nourrir ses compagnons de captivité. Mais un jour il chercha en vain, il ne possédait plus qu'une mauvaise soutane et un pantalon de toile; les malheureux allaient donc mourir de faim. Subitement il se souvient qu'au moment du danger il a caché dans ses vêtements son anneau épiscopal, signe béni de son alliance avec l'Église de Siam ; il le prend, le baise une dernière fois et le donne pour quelques boisseaux de riz. Maintenant c'était bien fini, il n'avait plus rien.

Lorsque Mgr Lebon, le coadjuteur de Mgr Brigot, M. Corre, M. Garnault et M. Coudé rentrèrent à Siam, des douze mille chrétiens baptisés par leurs prédécesseurs, ils en retrouvèrent mille. La mission était détruite, ils tentèrent de la rétablir. Le roi Phaja-Tak les arrêta, et fit jeter en prison MM. Garnault et Coudé.

Ce roi Phaja-Tak avait de bonnes intentions.

« Je voudrais conduire tout le monde dans le droit chemin, disait-il ; les chrétiens refusent, ils se perdront, c'est leur affaire. »

En Cochinchine, MM. Gouges, d'Estréchy, Sennemand, Ferret, Langlois, de Capponi, languissent pendant plusieurs années dans les fers. En 1745, sous le règne de Vo-Vuong, leurs successeurs, MM. Dupuy, de La Court, d'Azéma jouissent de la liberté la plus complète ; ils peuvent déployer, à travers les rues de la capitale, toutes les magnificences du culte catholique, pendant que, des fenêtres de son palais, le roi admire les illuminations de la nuit de Noël, ou écoute les hymnes de la Fête-Dieu.

Bientôt tout change : à son tour, Vo-Vuong devient persécuteur. En 1750, dans la nuit du 26 au 27 août, vingt-cinq missionnaires jésuites, franciscains, dominicains, prêtres de la Société des Missions Étrangères et de la Propagande traversent, entre deux haies de soldats, les rangs pressés de leurs chrétiens en pleurs : ils partent pour l'exil.

Le P. Koffler, médecin du roi, et quelques autres prêtres annamites restent seuls pour tenir tête à l'orage. Mgr Lefèvre, évêque de Noélène, meurt au Cambodge. Plus heureux, son successeur, Mgr Piguel, réussit à rentrer en Cochinchine.

Des jours de tristesse, de sang et de larmes se lèvent sur l'Annam, où les rebelles, connus sous le nom de Tây-Son, chassent les rois de Cochinchine et les rois du Tonkin, se rendent maîtres du royaume depuis le golfe de Siam jusqu'aux frontières de Chine, et sur les ruines de tous les pouvoirs établis plantèrent le drapeau de la révolte et du brigandage triomphants. Un évêque français, Mgr Pigneaux de Béhaine, brisa cette étonnante fortune et rendit à l'Annam la paix et la prospérité.

Il fuyait, avec les élèves du séminaire, la persécution allumée par les Tây-Son, lorsqu'il rencontre, proscrit et exilé comme lui, le dernier descendant des rois de Cochinchine, Nguyen-Anh. Il lui donne asile, et apprenant qu'il est question de demander le secours du Portugal, de la Hollande ou de l'Angleterre, il offre celui de la France, le fait accepter et vient à Paris.

Au nom des intérêts de la politique et du commerce français, il obtient l'envoi en Cochinchine de quelques hommes et de quelques navires, signe un traité qui nous donne l'île de Poulo-Condor et le port de Tourane, et repart aussitôt.

A Paris tout avait réussi, à Pondichéry tout échoue; le gouverneur refuse d'obéir aux ordres de Louis XVI. L'évêque ne se décourage pas, il demande au patriotisme des négociants français de l'Inde de faire honneur à la signature du roi de France; ses paroles sont écoutées, ses projets applaudis, ses plans soutenus, et, en 1790, il arrive à Saïgon avec deux vaisseaux chargés d'armes, de munitions et d'approvisionnements, montés par des officiers actifs, intelligents et dévoués, qui réussissent à rendre à Nguyen-Anh la couronne de ses aïeux.

Le xviiie siècle est achevé, le xixe s'ouvre dans les batailles; le monde occidental ne s'occupe plus que de victoires et de défaites, et ceux qui pensent à faire refleurir le règne de Dieu ont près d'eux un labeur assez ardu pour ne pas songer à traverser les mers et à chercher au loin des âmes égarées.

A cette époque, la situation des missions est grandement attristante; mais l'Église n'a-t-elle pas reçu les paroles de vie immortelle aussi bien que de lutte sans fin!

Quand elle semble toucher aux plus grands périls, son divin fondateur la relève.

Au ive siècle, Dioclétien chantait l'hymne de mort de l'Église catholique, et le berceau de Constantin était déjà préparé; au xvie siècle, Luther arrachait des nations à Rome, et Christophe Colomb lui donnait un monde; à la fin du xviiie siècle et au commencement du xixe, les missions agonisaient sans ressources et sans ouvriers, et l'apostolat présente depuis soixante ans toutes les floraisons du zèle, toutes les ardeurs de la charité, toutes les sublimités de l'héroïsme.

Les églises s'élèvent et les échafauds se dressent; les évêques

Le vénérable Chapdelaine.

se multiplient, les prêtres abondent en même temps que les martyrs; les prisons regorgent de captifs, les couvents de religieuses, et les séminaires de lévites; les chrétiens sont proscrits et les conversions augmentent; d'immenses bonheurs et de prodigieuses infortunes ; des triomphes insignes et des désastres inouïs; tout se précipite, se rencontre, se heurte dans la rapide succession des faits les plus divers, des événements les plus inattendus, et produit le développement des missions le plus éclatant et le plus merveilleux.

Plusieurs causes contribuèrent à ce développement. Nous ne parlerons pas de la grâce divine, qui est la vraie cause et, en un sens, l'unique; mais seulement de ces causes humaines dont Dieu se sert et que la raison peut saisir.

La première est la charité, qui s'exerce en faveur de l'apostolat par deux œuvres principales : la Propagation de la foi et la Sainte-Enfance.

Fondée en 1822, la Propagation de la foi a établi, en toute terre chrétienne, la perception permanente de l'impôt volontaire, qui paye la place du missionnaire sur le pont d'un navire, lui assure pendant quelques jours le « manteau de l'apôtre et le pain noir du prophète », lui prépare un asile et lui permet d'avoir un tombeau. La première année, elle recueillit quarante-deux mille neuf cents francs quarante-sept centimes.

Près de la Propagation de la foi, comme une sœur cadette venant aider une sœur aînée, l'œuvre de la Sainte-Enfance s'établissait en 1843, et recevait vingt-cinq mille francs.

Les hommes dévoués qui dirigent ces œuvres travaillèrent avec une infatigable persévérance et un zèle véritablement apostolique à les établir solidement et à les développer; ils fondèrent les *Annales de la Propagation de la foi*, les *Annales de la Sainte-Enfance*, les *Missions catholiques*, qui font connaître les souffrances, les besoins et les succès des missionnaires.

Depuis lors, le budget de ces œuvres a considérablement augmenté; il est cependant resté bien au-dessous des besoins des prédicateurs de l'Évangile.

Telle est la première cause du développement des missions; la seconde est la persécution.

Pendant le XVIIe et le XVIIIe siècle, les missions, nous l'avons vu, n'avaient pas joui d'une tranquillité complète; plus d'une fois, les prêtres avaient été emprisonnés et les chrétiens mis à mort. Mais jamais il ne s'était élevé de persécutions aussi longues et aussi violentes que pendant le XIXe siècle.

Le premier, Mgr Dufresse, évêque de Tabraca et vicaire apostolique du Su-Tchuen, est décapité le 14 septembre 1815, ainsi que, la même année, un prêtre indigène, Augustin Tchao.

Deux autres prêtres chinois furent étranglés, Joseph Yuen, le 24 juin 1817, et Paul Lieou, le 13 février 1818. En 1818 également, quatre prêtres furent exilés en Tartarie.

M. Clet, de la congrégation de la Mission, fut mis à mort en 1820 ; sous le règne de Tao-Kouang, successeur de Kia-King, le P. Thaddée Lieou fut étranglé le 30 novembre 1823.

Signalons encore, en 1823, l'arrestation d'un dominicain espagnol ; en 1834, au Kouy-Tcheou, l'arrestation de vingt-six chrétiens ; l'un d'eux, Pierre Lieou, fut étranglé ; un second mourut en prison des suites des tortures qu'il avait subies, et les vingt-quatre autres furent exilés en Tartarie.

En 1835, les missionnaires de Mongolie furent inquiétés et obligés de se cacher.

En 1837, la mission du Fokien fut très troublée ; le vicaire apostolique, recherché, fut forcé de se cacher durant un mois dans une caverne.

En 1838, on signale des persécutions dans les provinces du Tche-Li et du Chen-Si ; en 1839, dans le Hou-Pé, où l'on compte plusieurs martyrs, entre autres Anna Kao ; dans le Hou-Kouang, qu'illustra Agathe Ho ; dans le Kouy-Tcheou, qui vit mourir le courageux chrétien Joachim Ho.

D'autres condamnations suivirent, qu'il suffit d'indiquer pour montrer la situation critique du catholicisme en Chine à cette époque ; les plus célèbres furent celles de M. Perboyre (1840) et de Paul Yu, membre de la famille impériale, mort en prison en 1842.

Les traités signés avec la Chine par les puissances européennes, et en particulier par le plénipotentiaire de France, M. de Lagrené, n'arrêtent que momentanément la persécution, et, en 1856, le Kouang-Si s'attriste et se glorifie tout à la fois du martyre de M. Chapdelaine.

Les annales religieuses de la Cochinchine et du Tonkin nous offrent des récits plus sanglants encore.

Le protégé de Mgr Pigneaux de Béhaine, Gia-Long, est mort, et son fils Minh-Mang lui a succédé, portant sur le trône la haine la plus vivace contre le catholicisme.

Le 6 janvier 1833, le premier grand édit de la persécution est publié.

Répétant les calomnies vieilles de dix-huit cents ans, Minh-

Mang accusait les prêtres de séduire les femmes et d'arracher les yeux aux malades, traitait les chrétiens « d'hommes ignorants, stupides, incapables de discerner entre ce qui convient et ce qui ne convient pas », et il concluait par ces injonctions :

« En conséquence, nous ordonnons à tous ceux qui suivent cette religion, depuis le mandarin jusqu'au dernier du peuple, de l'abandonner sincèrement, s'ils reconnaissent et redoutent notre puissance.

« Nous voulons que les mandarins examinent avec soin si les chrétiens qui se trouvent sur leur territoire se préparent à obéir à nos ordres, et qu'ils les contraignent de fouler, en leur présence, la croix aux pieds ; après quoi, ils leur feront grâce pour cette fois.

« Quant aux maisons du culte et aux habitations des prêtres, ils devront veiller à ce qu'elles soient entièrement rasées, et dorénavant, si quelqu'un de nos sujets est reconnu coupable de professer ces coutumes abominables, il sera puni avec la dernière rigueur, afin de détruire dans sa racine la religion perverse.

« Ceci est notre volonté. Exécutez-la. »

Cet édit contenait seulement une partie de la pensée du souverain, qui ajouta contre les missionnaires un article secret, dévoilant son astucieux dessein.

Il y a cinquante ans seulement, la Chine et le royaume d'Annam nous semblaient des pays perdus dans le lointain d'un autre monde.

C'est une illusion qui disparaît avec l'imperfection des moyens de communication. Mais il y a longtemps qu'entre nous et l'Extrême-Orient, les distances morales sont moins grandes que les distances matérielles.

Quand on compare la lutte religieuse en Europe avec la guerre au christianisme en Asie, il est impossible de n'être pas frappé de certaines ressemblances entre les adversaires de la religion de Jésus-Christ dans les deux pays.

Le mobile des ennemis du catholicisme là-bas et ici est le même : le rationalisme marchant à la domination des consciences, en maintenant ou en rétablissant la suprématie de l'État.

L'arme de guerre est la même : la légalité. La différence est dans le degré de brutalité avec lequel on l'emploie. Que ferait le rationalisme en Europe s'il avait seulement à compter avec quelques centaines de milliers de chrétiens ? Pour le savoir, nous n'avons peut-être qu'à le voir à l'œuvre en Orient il y a un demi-siècle. Écoutons Minh-Mang :

« Nous ordonnons à tous les gouverneurs de province, à tous nos mandarins supérieurs :

« 1° De s'occuper d'instruire sérieusement leurs inférieurs, qu'ils soient mandarins, soldats ou peuple, de manière qu'ils se corrigent et abandonnent la religion perverse.

« 2° De s'informer exactement de l'emplacement des églises et des maisons de religion, dans lesquelles les maîtres réunissent le peuple, et de détruire sans délai tous ces édifices.

« 3° D'arrêter les maîtres de religion, mais en ayant soin d'user plutôt de ruse que de violence; les maîtres européens, il faut les envoyer promptement à la capitale, sous prétexte d'être employés pour nous traduire des lettres; les maîtres du pays, vous les retiendrez au chef-lieu de vos provinces, et vous les garderez strictement, de peur qu'ils ne s'échappent ou n'aient de communications secrètes avec le peuple, ce qui maintiendrait celui-ci dans son erreur.

Statue de Mgr Imbert, vicaire apostolique de la Corée, à Calas (Bouches-du-Rhône).

« Vous, préfets et gouverneurs de provinces, conformez-vous à notre volonté; surtout agissez avec précaution et prudence, et veillez à n'exciter aucun trouble. C'est ainsi que vous vous rendrez dignes de notre confiance.

« Nous défendons de publier cet édit, de peur que la publicité n'amène des troubles. Dès qu'il vous sera parvenu, vous seuls devez en prendre connaissance. Obéissez. »

Ces ordres furent exécutés, et la persécution désola l'Église d'Annam. Pierre Tuy fut décapité le 11 octobre 1833 ; François Gagelin, étranglé le 17 octobre ; Paul doi Buong, décapité six jours plus tard.

D'autres entrent bientôt dans la lice : ce sont, en 1835, M. Marchand, qui subit le supplice des cent plaies ; en 1837, M. Cornay, qui doit, pour obtenir quelques grains de riz, chanter devant ses juges « les vieux et touchants cantiques appris au petit séminaire de Montmorillon » ; M. Jaccard, le héros de cette épopée sublime, où il est tour à tour prisonnier, condamné à mort, gracié, interprète, géographe du roi, soldat, exilé, maître d'école par ordre de Minh-Mang, et enfin étranglé le 21 septembre 1838 ; Mgr Borie, qui se met à genoux devant son juge pour le remercier de lui avoir apporté sa sentence de mort.

La liste entière des martyrs serait trop longue à citer. Cependant nous ne pouvons oublier, dans les missions du Tonkin confiées aux dominicains espagnols, Mgr Delgado et Mgr Hénarès, les PP. Joseph Fernandez, Vincent Yen, Nicolas Ti, Vincent Van, Pierre Tuân, Dominique Hanh, Joseph Vien, le catéchiste François Chieu, et les courageux chrétiens de Ke-Môt.

Ces hécatombes n'auraient pas cessé, si la mort de Minh-Mang, arrivée le 20 janvier 1841, n'y eût mis un terme.

Son successeur, Thiêu-Tri, d'un caractère moins cruel, peut-être aussi rendu plus circonspect par la présence des vaisseaux européens dans les mers de Chine, emprisonna encore les missionnaires, mais ne les envoya plus à la mort, et finit même par les mettre en liberté.

Mais son fils, Tu-Duc, reprit le cours des exploits de Minh-Mang. La première victime de ses ordres persécuteurs fut un missionnaire du Tonkin : Augustin Schœffler, décapité le 1er mai 1851. A pareil jour, l'année suivante, Jean-Louis Bonnard eut le même sort, et, le 3 juillet 1853, un prêtre indigène de la Cochinchine occidentale, Philippe Minh, marcha sur les traces de ces deux témoins de Jésus-Christ ; puis ce fut M. Néron, décapité en 1860, et trois mois plus tard M. Vénard, le martyr aimé de tous, dont il a été dit « que les abeilles ont voltigé sur ses lèvres, et que l'aile des colombes a effleuré son front ».

A l'extrémité de l'Asie, un évêque, Mgr Imbert, et deux missionnaires français, MM. Maubant et Chastan, avaient, en 1839, payé de leur tête l'honneur d'évangéliser la Corée.

Au récit des souffrances et des triomphes des martyrs de la Cochinchine, du Tonkin, de la Chine, de la Corée, il se trouva de nobles cœurs qui tressaillirent d'enthousiasme et d'envie : cela leur sembla si beau et surtout si bon de donner jusqu'à la dernière goutte de leur sang pour Jésus, leur roi, leur Dieu, le crucifié du Calvaire ! Ils vinrent nombreux et vaillants ; à leur tour, ils tombèrent sous la hache du bourreau; d'autres leur succédèrent, et l'on put dire en vérité cette parole, plus hardie que celle de Tertullien : Le sang des martyrs est une semence d'apôtres.

Le P. Maubant, martyrisé en Corée (1839).

La charité avait donné de l'or, la persécution des missionnaires, la science fit disparaître les distances ; elle réunit les océans, elle facilita les communications ; en quelques jours elle jeta par centaines les prédicateurs de l'Évangile sur les terres classiques du bouddhisme et du brahmanisme.

Aux prédicateurs il fallait la liberté, la politique la donna. Au nom de l'industrie, du commerce, de la science, de l'honneur national, de l'humanité, au nom même de la religion, l'Europe parut en armes dans l'Extrême-Orient.

Le P. Chastan, martyrisé en Corée (1839).

La Chine fut vaincue par les armées de la France et de l'Angleterre, et les traités de Tien-Tsin et de Pékin assurèrent aux catholiques le libre exercice de leur religion, et aux missionnaires le droit de prêcher l'Évangile.

L'article 13, en effet, était ainsi conçu :

« La religion chrétienne ayant pour objet essentiel de porter les hommes à la vertu, les membres de toutes les communions chrétiennes jouiront d'une entière sécurité pour leurs personnes, leurs propriétés et le libre exercice de leurs pratiques religieuses ; une protection efficace sera donnée aux missionnaires, qui se rendront publiquement dans l'intérieur du pays munis de passeports réguliers. Aucune entrave ne sera apportée par les autorités de l'empire chinois au droit, qui est reconnu à tout individu en Chine, d'embrasser, s'il le veut, le christianisme, et d'en suivre les pratiques sans être passible d'aucune peine infligée pour ce fait.

« Tout ce qui a été précédemment écrit, proclamé ou publié en Chine, par ordre du gouvernement, contre le culte chrétien est complètement abrogé et reste sans valeur dans toutes les provinces de l'empire. »

L'article 10 avait également une grande importance pour les prêtres de la Société des Missions Étrangères, qui étaient tous Français. Il portait cette clause :

« Les propriétés de toute nature appartenant à des Français dans l'empire chinois, seront considérées par les Chinois comme inviolables, et seront toujours respectées par eux. »

L'article 6 de la convention, plus important encore, était ainsi conçu :

« Conformément à l'édit impérial, rendu le 20 mars 1846 par l'auguste empereur Tao-Kouang, les établissements religieux et de bienfaisance qui ont été confisqués aux chrétiens pendant les persécutions dont ils ont été victimes, seront rendus à leurs propriétaires par l'entremise de Son Excellence le ministre de France en Chine, auquel le gouvernement impérial les fera délivrer, avec les cimetières et les autres édifices qui en dépendaient. »

En Indo-Chine la situation des catholiques s'améliorait également.

Tu-Duc, battu par les troupes franco-espagnoles, fut forcé de céder à la France quelques-unes des provinces de la Basse-Cochinchine et de signer un traité dont un des articles était ainsi conçu :

« Les sujets des deux nations de France et d'Espagne pourront exercer le culte chrétien dans le royaume d'Annam, et les sujets de ce royaume, sans distinction, qui désireraient embrasser et suivre la religion chrétienne, le pourront librement et sans contrainte; mais on ne forcera pas à se faire chrétiens ceux qui n'en auront pas le désir. »

Cette dernière clause pourra sembler étrange; elle le paraissait bien plus encore aux missionnaires et aux chrétiens que la persécution décimait depuis tant d'années... Elle avait sans doute été inspirée à l'amiral Bonnard par un de ces préjugés qui paralysèrent son administration en Cochinchine.

Cet article avait également le défaut grave de manquer de précision, et de ne spécifier aucune des conditions de la liberté promise aux chrétiens.

Le Japon, demeuré fermé depuis si longtemps, signa des traités avec les États-Unis, l'Angleterre, la France et les principales nations de l'Europe.

Aux Indes, de nouveaux et plus nombreux apôtres, jésuites, carmes, prêtres des Missions Étrangères, franciscains, capucins, travaillaient en liberté sous la domination anglaise, plus assurée que jamais depuis la révolte de 1857.

Telle est, esquissée en traits larges et rapides, l'histoire des missions dans l'Extrême-Orient; telle était leur situation il y a quarante ans, au moment où l'Europe en armes commençait à pénétrer dans ces vastes et lointaines contrées, qu'elle n'a pas réussi encore à ouvrir complètement à la civilisation.

II

LA DÉCOUVERTE DE CHRÉTIENS JAPONAIS

Après la signature des traités qui entr'ouvraient l'Extrême-Orient au catholicisme, l'événement le plus important que l'historien trouve dans les annales des Missions est la découverte des chrétiens japonais.

Le Japon était depuis des siècles inaccessible à la prédication de l'Évangile. L'édit fameux qui fut publié en 1640, immédiatement après l'exécution des quatre ambassadeurs portugais arrivés de Macao et débarqués à Nagasaki, s'exprimait en ces termes :

« Tant que le soleil échauffera la terre, qu'il n'y ait pas de chrétien assez hardi pour venir au Japon. Que tous le sachent : quand ce serait le roi d'Espagne en personne, ou le Dieu des chrétiens, celui qui violera cette défense payera de sa tête. »

Ainsi fut-il fait en 1642, en 1647, en 1666, en 1709, c'est-à-dire à chaque tentative entreprise du dehors pour essayer de porter les secours de la religion aux descendants des néophytes que le bras de saint François Xavier s'était lassé à baptiser, et des glorieux martyrs qui avaient été cloués à la croix, comme le Fils de Dieu et pour l'amour de lui.

Le traité de 1858, conclu avec la France, n'autorisait pas encore cette prédication; mais il permettait aux missionnaires de pratiquer leur religion et de construire des églises.

Aussi ils commencèrent la construction d'une chapelle dédiée aux premiers martyrs japonais et qui devait être le théâtre de la résurrection de l'Église du Japon. Ils eurent plus d'un obstacle à vaincre pour réussir dans leur entreprise : tantôt c'était le gouvernement, tantôt les ouvriers, dont la mauvaise volonté arrêtait les travaux; d'autres fois l'argent faisait défaut, et il fallait s'adresser aux colonies européennes de Nagasaki, de Yokohama ou de Shang-Haï, afin d'obtenir quelques secours.

Le P. Petitjean nous a gardé le souvenir d'une de ces difficultés et de la manière dont il la surmonta.

« Vers les premiers jours du mois de décembre, raconte-t-il, le constructeur menaçait de suspendre les travaux. Sur ces entrefaites, le gouverneur de la ville m'envoie deux de ses officiers, avec prière d'accepter une chaire de professeur de français au collège qu'il vient de fonder pour l'étude des langues étrangères.

« Je réponds aux envoyés que, malgré tout mon désir d'être agréable à leur noble maître, il m'était impossible de donner une réponse avant d'être délivré des soucis de construction.

« — Mais quand désirez-vous que votre temple de la prière soit achevé? » demandèrent-ils.

« J'indique le 1ᵉʳ janvier. Ils me quittent sur cette parole, promettant de revenir bientôt. Dès le lendemain les ouvriers arrivèrent en nombre triple; on travailla le jour et la nuit, si bien que l'église se trouva achevée au temps désigné.

« La reconnaissance m'obligeait à répondre aux propositions du gouverneur. C'est le 6 janvier, fête de l'Épiphanie, que j'ai commencé mon cours de langue française. N'était-ce pas un beau jour? Qu'il soit véritablement pour mes élèves et pour ceux qui me les ont confiés le jour de la manifestation de la foi et du retour à notre sainte religion.

« J'aime à espérer que ces leçons de langue française auront un bon résultat; elles feront au moins connaître mieux le prêtre catholique, dont le caractère a été si complètement dénaturé aux yeux du gouvernement japonais. »

La chapelle fut inaugurée le 19 février 1865.

Tous les navires européens présents sur la rade de Nagasaki voulurent prêter leur concours à la fête. La corvette russe

Variag, la corvette hollandaise *Amsterdam*, la corvette anglaise *Argus*, avaient députe une partie de leur équipage pour se joindre au cortège.

La France était représentée par son consul, par un détachement des marins du *Kien-Chan*, sous le commandement de M. Poutier, officier en second, et par les commerçants français établis à Nagasaki.

Le commandant en chef de la division russe avait mis sa musique militaire à la disposition de M. Trève, lieutenant de vaisseau, commandant le *Kien-Chan*.

Une salve de vingt et un coups de canon, tirés par la batterie du *Kien-Chan*, annonça la fin de la cérémonie, et jusqu'au coucher du soleil un faisceau de drapeaux de toutes les nations représentées au Japon flotta sur le sommet de l'église.

Admirablement située sur le penchant d'une colline qui domine la rade et la ville de Nagasaki, la nouvelle chapelle fut bientôt le rendez-vous d'une foule de visiteurs.

Mais, ceux-ci semblaient n'y être attirés que par une curiosité tout humaine, et, à leur égard, le zèle et le dévouement des missionnaires paraissaient frappés d'une complète stérilité.

Toutefois, à quelques indices recueillis avec une pieuse avidité depuis le rétablissement de l'apostolat catholique dans l'Extrême-Orient, particulièrement en 1831 et 1838 par nos missionnaires en Corée, il était permis de supposer que, malgré les terribles et persistantes rigueurs déployées pendant deux siècles et demi contre les adorateurs du vrai Dieu, tout vestige du christianisme n'avait pas disparu du Japon, et qu'un jour peut-être, s'il était possible de pénétrer dans l'intérieur du pays, au delà des ports ouverts aux Européens, on retrouverait, cachées sous la cendre épaisse des superstitions païennes, quelques étincelles de la foi véritable.

Ce fut au P. Petitjean que la Providence réserva l'incomparable bonheur et l'ineffable joie d'être l'instrument de cette découverte.

Il a raconté, dans des pages émouvantes, comment il fut mis sur les traces de cette Église chrétienne que l'on croyait complètement anéantie.

Le vendredi 17 mars, vers midi et demi, un groupe de douze à quinze personnes, hommes, femmes et enfants, se tenait à

Église des Vingt-six Martyrs, à Nagasaki.

l'entrée de l'église des Vingt-six Martyrs avec des allures qui dénotaient autre chose que de la pure curiosité. M. Petitjean, poussé sans doute, dit-il, par son ange gardien, se rendit auprès d'elles. La porte était fermée, il l'ouvre ; puis, suivi de ces visiteurs et appelant intérieurement sur eux les bénédictions de Dieu, il s'avance vers le sanctuaire.

Arrivé devant le tabernacle, il se met à genoux et adore Notre-Seigneur Jésus-Christ dans la sainte Eucharistie.

« Je l'adorais, écrit-il, et le conjurais de mettre sur mes lèvres des paroles propres à toucher les cœurs et à lui gagner des adorateurs parmi ceux qui m'entouraient. »

Mais à peine le temps de réciter un *Pater* s'est-il écoulé, que trois femmes de cinquante à soixante ans viennent s'agenouiller tout près de lui et que l'une d'elles lui dit, la main sur la poitrine et à voix basse, comme si elle eût craint que les murs n'entendissent ses paroles :

« Notre cœur à nous tous, qui sommes ici, est le même que le vôtre.

— Vraiment! répondit-il. Mais d'où êtes-vous donc?

— Nous sommes tous d'Urakami. A Urakami presque tous ont le même cœur que nous. »

Et aussitôt cette femme lui demande :

« *Sancta Maria no gozowa doko?* Où est l'image de sainte Marie? »

A ce nom béni de *Sancta Maria*, M. Petitjean n'a plus de doute ; il est sûrement en présence de descendants des anciens chrétiens du Japon. Il ne sait comment remercier Dieu pour tout le bonheur dont cette révélation vient d'inonder son âme. Quelle compensation à ses cinq années d'un ministère stérile!

Entouré de ces inconnus d'hier et pressé par eux comme par des enfants qui ont retrouvé leur père, il les conduit à l'autel de la sainte Vierge. A son exemple tous s'agenouillent et essayent de prier, mais la joie les emporte :

« Oui, c'est bien *Sancta Maria!* s'écrient-ils à la vue de la statue de Notre-Dame. Voyez sur son bras *On ko Jesus Sama,* son auguste fils Jésus! »

Depuis qu'ils se sont faits connaître au missionnaire, ils se laissent aller à une confiance qui contraste étrangement avec les manières de leurs frères païens.

Il faut répondre à toutes leurs questions, leur parler de *Deus Sama*, *O Jesus Sama*, *Sancta Maria Sama*. Ce sont les noms par lesquels ils désignent Dieu, Notre-Seigneur Jésus-Christ, la sainte Vierge. La petite statue de Notre-Dame avec l'Enfant Jésus leur rappelle la fête de Noël, qu'ils ont célébrée au onzième mois.

« Nous faisons la fête de *On Aruji Jesus Sama* le vingt-cinquième jour du *shimo tsuki*, dit une des personnes présentes. On nous a enseigné que ce jour-là, vers minuit, il est né dans une étable, puis il a grandi dans la pauvreté et la souffrance, et qu'à trente-trois ans, pour le salut de nos âmes, il est mort sur la croix. En ce moment nous sommes au temps de la tristesse *kanashimi no setsu*. Avez-vous aussi ces solennités ?

— Oui, répond M. Petitjean ; nous sommes aujourd'hui au dix-septième jour du *kanashimi no setsu*. »

Il avait compris que par ces mots ils entendaient le carême.

Ils lui parlent aussi de saint Joseph, qu'ils appellent *O Jesus Sama no yô-fu*, le père adoptif du Seigneur Jésus.

Tout à coup, au milieu des questions qui s'entre-croisent, un bruit de pas se fait entendre ; ce sont d'autres Japonais qui entrent dans l'église.

En un clin d'œil, ceux qui entourent le missionnaire se dispersent en tous sens ; mais presque immédiatement ils reviennent à lui, riant de leur frayeur.

« Nous n'avons rien à craindre de ceux-là, disent-ils. Ce sont des gens de notre village ; ils ont le même cœur que nous. »

Il fallut néanmoins se séparer plus vite qu'on ne l'eût souhaité de part et d'autre, afin de ne pas éveiller les soupçons des officiers, dont on pouvait à chaque instant redouter la visite. Toutefois, en congédiant ceux qu'il appelait déjà les chrétiens d'Urakami, M. Petitjean leur fit promettre de revenir bientôt.

Le jeudi et le vendredi saints, 13 et 14 avril, quinze cents personnes visitent l'église de Nagasaki ; le presbytère est envahi, les fidèles en profitent pour satisfaire en secret leur dévotion devant les crucifix et les statues de la sainte Vierge.

Les premiers jours de mai, les missionnaires apprennent

l'existence de deux mille cinq cents chrétiens disséminés dans le voisinage de la ville. Le 10, les chrétiens viennent en si grand nombre que, pour les soustraire au danger d'être reconnus par les satellites, on doit fermer l'église une partie de la journée.

« Le 15 mai, écrit le P. Petitjean, arrivent les députés d'une île peu éloignée d'ici. Après un court entretien nous les congédions, ne gardant auprès de nous que le catéchiste et le chef de la pieuse caravane.

« Le catéchiste, nommé Pierre, nous donne les plus précieux renseignements. Disons d'abord que sa formule de baptême ne diffère pas de la nôtre, et qu'il la prononce très distinctement. Il reste encore, affirme-t-il, beaucoup de chrétiens dans tout le Japon, un peu partout. Il me cite, en particulier, un point où sont groupées plus de mille familles chrétiennes.

« Il nous interroge ensuite sur le grand chef du royaume de Rome, dont il désire savoir le nom. Lorsque nous lui disons que l'auguste vicaire de Jésus-Christ, le saint pontife Pie IX, sera bien heureux d'apprendre les consolantes nouvelles que lui et ses compatriotes chrétiens viennent de nous donner, Pierre laisse éclater toute sa joie. Et néanmoins, avant de nous quitter, il veut s'assurer encore si nous sommes bien les successeurs des anciens missionnaires.

« — N'avez-vous point d'enfants? nous demanda-t-il d'un air timide.

« — Vous et tous vos frères chrétiens et païens du Japon, voilà les enfants que le bon Dieu nous a donnés. Pour d'autres enfants, nous ne pouvons pas en avoir; le prêtre doit, comme vos premiers apôtres, garder toute la vie le célibat. »

« A cette réponse, Pierre et ses compagnons inclinent leur front jusqu'à terre en s'écriant :

« — Ils sont vierges. Merci ! merci ! »

Le lendemain, tout un village chrétien demandait la visite des missionnaires, et deux jours après six cents autres chrétiens envoyaient à Nagasaki une députation de vingt personnes. Au 8 juin, vingt-cinq chrétientés étaient connues des missionnaires, et sept baptiseurs s'étaient mis en relation directe avec eux.

« Ainsi, en l'absence de tout secours extérieur, sans les sacrements, sauf le baptême, par l'action de Dieu d'abord, puis grâce à la fidèle transmission dans les familles des enseignements et des exemples chrétiens et des martyrs japonais des XVIe et XVIIe siècles, le feu sacré de la foi véritable, ou du moins une étincelle encore ardente de ce feu, était demeuré, dans un pays tyrannisé par le gouvernement le plus despotique et le plus hostile à la religion chrétienne!... »

Il n'y avait donc qu'à souffler sur cette étincelle et à en ranimer la flamme pour réaliser une fois de plus le vœu exprimé par le Sauveur : « Je suis venu apporter le feu sur la terre, et que veux-je, sinon qu'il s'allume? »

Mais lorsque les autorités japonaises connurent ces faits, la persécution éclata, non contre les missionnaires, que l'Europe protégeait, mais contre les fidèles.

Des milliers d'hommes et de femmes furent emprisonnés ou exilés, plusieurs centaines moururent de misère.

Au mois d'avril et au mois de juin 1868, deux édits impériaux promirent un salaire aux délateurs et prononcèrent de rigoureux châtiments contre les chrétiens.

Le premier décret était ainsi conçu :

« Comme l'abominable religion des chrétiens est sévèrement prohibée, chacun sera obligé de dénoncer aux autorités compétentes toutes les personnes qui lui paraîtront suspectes; une récompense lui sera accordée pour ce fait.

« TAISEICOUAN. »

Quatrième année Keio, troisième mois.
(Du 24 mars au 22 avril 1868.)

Cet édit fut affiché aux portes de Yokohama, ville située sur la baie de Yeddo, et qui était la résidence des ministres étrangers.

Des souffrances endurées par les catholiques, nous raconterons celles qu'ils eurent à subir à Tsuwano.

En 1868, vingt-huit chrétiens furent envoyés à Tsuwano. Parmi eux se trouvait Zen-Yemon, le plus ferme et le plus connu de ceux qui furent exilés à cette époque. A leur arrivée ils furent enfermés dans une pagode appelée Kodenji.

Cette pagode occupait un lieu assez élevé au nord de la préfecture. L'appartement où ils furent réunis était si étroit, qu'il pouvait à peine les contenir. C'était l'hiver, le froid était intense; les prisonniers n'avaient pas de feu. Ils recevaient si peu de nourriture, qu'en peu de temps ils devinrent d'une maigreur extrême.

La nouvelle de l'arrivée des chrétiens s'étant répandue dans les environs, chacun voulut les voir, à cause des bruits étranges répandus sur eux. Les autorités locales, afin de satisfaire la curiosité de leurs administrés et la leur, jugèrent à propos de les citer publiquement à leur tribunal.

Ceux-ci, peu de jours après leur arrivée, comparurent donc. Les spectateurs présents à leur interrogatoire étaient au nombre de quatre à cinq cents. Le juge s'adressa d'abord à Zen-Yemon.

« Pourquoi, lui dit-il, ne veux-tu pas obéir aux ordres de l'empereur? Et quel est donc cet Être que tu adores?

— Nous, chrétiens, nous adorons Celui qui a créé le ciel et la terre et tous les hommes. C'est parce qu'il est le Maître de toutes choses que nous n'adorons que lui seul. Vous aussi vous y êtes obligés, car il vous a créés comme nous.

— Non, non! nous ne l'adorons pas, s'écrièrent les juges en riant.

— Vous ne l'adorez pas, reprend Zen-Yemon, parce que vous ne le connaissez pas; mais il n'est pas moins vrai pour cela que vous êtes tenus de l'adorer! »

En entendant cette affirmation hardie et qui semblait venir d'une profonde conviction, les officiers deviennent plus sérieux.

« Nous, disent-ils, nous suivons la religion de notre pays; mais vous, quoique Japonais, vous suivez la religion des étrangers, vous désobéissez à l'empereur.

— Peu importe, répond Zen-Yemon, que l'on soit de tel ou tel pays. Celui qui a créé les autres pays a créé aussi le Japon. Les Japonais, comme les autres, doivent donc l'adorer.

« Les dieux adorés au Japon n'ont rien créé, et c'est pourquoi aucune adoration ne leur est due. Vous parlez de l'empereur; certes, nous ne voulons pas lui résister. Mais le Dieu qui a créé le monde a aussi créé l'empereur.

« L'empereur et ses ministres lui doivent obéissance, aussi bien que tous les autres hommes. D'ailleurs, nous, chrétiens, nous prions pour la prospérité de l'empereur, notre religion nous le commande.

— Quoi que vous disiez, si vous ne renoncez pas à cette religion, vous serez mis à mort; si, au contraire, vous voulez être dociles, vous serez renvoyés dans vos pays.

— Faites de nous ce que vous voudrez, mais nous ne pouvons pas renoncer à notre religion. »

Au sortir de cette séance les chrétiens furent reconduits en prison, et les spectateurs se retirèrent satisfaits.

Cependant la ration de riz n'augmentait pas, et les prisonniers souffraient horriblement de la faim. Ils se résolurent à faire entendre une réclamation. Zen-Yemon parla au nom de tous. Il demanda aux officiers si l'empereur leur avait ordonné de faire mourir de faim les chrétiens.

« Je ne crois pas, dit-il, que l'empereur ait donné de tels ordres, il a des sentiments trop humains pour cela.

« Lorsque nous étions dans la prison de Nagasaki, nous avions au moins une nourriture à peu près suffisante; mais ici elle est telle, que nous ne pouvons manquer de mourir bientôt si vous ne l'augmentez. Je vous prie donc, au nom de tous mes compagnons, de nous accorder quelque chose de plus. »

Ses réclamations furent inutiles. Les officiers avaient reçu l'ordre de les faire apostasier; ils employaient, pour y arriver, tous les moyens en leur pouvoir.

Non contents de les torturer par la faim, ils les citaient fréquemment à leur tribunal, où ils leur faisaient de longs discours pour leur persuader que leur religion était mauvaise et qu'il fallait l'abandonner.

Des prêtres shintoïstes, qui d'ordinaire étaient présents, s'épuisaient en raisonnements captieux pour induire en erreur ces hommes, la plupart illettrés.

Ces interrogatoires étaient pour les malheureux prisonniers une source de continuels chagrins; rien, cependant, ne pouvait les en exempter. Zen-Yemon surtout, qui était poursuivi de plus près, était souvent appelé à répondre pour les autres.

Un jour d'hiver, qu'il était couché et souffrait beaucoup d'un refroidissement, on vint le chercher. Il pria les officiers de le dispenser pour cette fois de comparaître, disant qu'il était par trop malade. Sa prière ne fut pas écoutée, il dut se rendre au tribunal avec ses compagnons. La séance se passa comme de coutume : tous demeurèrent fermes.

Peu après, nouvelle comparution. Cette fois le juge les pressa plus fortement d'apostasier; mais tous ses efforts étant demeurés inutiles, il entra dans une violente colère. Il menaça de jeter tous ces obstinés dans un réservoir d'eau, qui se trouvait à quelques pas de la prison. Ce réservoir avait douze pieds de large sur vingt-quatre de long.

« Comme il vous plaira, répondirent les chrétiens; mais nous ne pouvons pas renoncer à notre religion.

— Eh bien! retournez en prison, ajouta le magistrat après quelques instants de réflexion. Aujourd'hui Zen-Yemon seul sera puni. »

Là-dessus Zen-Yemon fut amené sur le bord du bassin. L'eau était glacée. Il était toujours malade; mais les officiers parurent ne voir là qu'une occasion de le faire souffrir davantage. De nombreux curieux se rassemblèrent aussitôt autour du prisonnier pour jouir du spectacle qui se préparait.

« Dépouille-toi de tes habits, et jette-toi dans l'eau, dit un officier à Zen-Yemon.

— Non, répond celui-ci; vous pouvez ôter mes habits si vous le voulez, mais moi je ne les ôterai pas.

— Comment? Tu ne veux pas obéir! Oublies-tu que c'est au nom de l'empereur que nous te commandons?

— Peu m'importe, je ne suis pas obligé de vous obéir en cela, et même je ne le dois pas.

— Enlève tes habits, et jette-toi dans l'eau! vociférèrent tous les officiers présents.

— Je suis entre vos mains; faites-moi ce que vous voudrez, mais moi-même je ne ferai rien. »

Toutes les menaces restent sans effet; l'ordre est donné à un serviteur de lui arracher ses vêtements. Zen-Yemon n'oppose aucune résistance. Le froid commence alors à le saisir. Impassible et silencieux, il se tient debout devant les officiers. C'est en vain que ceux-ci le pressent de se jeter dans l'eau, il leur répond toujours par la même parole :

« Je suis entre vos mains, faites de moi ce que vous voudrez. »

Au même instant il est poussé violemment et tombe dans le

bassin. Quand il se relève, il a de l'eau jusqu'à la ceinture Aussitôt il joint les mains et se met à prier.

A cette vue les assistants l'accablent d'injures : tant de calme et de résignation leur est insupportable. Le froid est si intense qu'un tremblement convulsif s'empare de tout le corps du pauvre confesseur. Bientôt son agitation est telle qu'il ne peut plus prononcer aucune parole; mais ses mains restent jointes et ses yeux dirigés vers le ciel. Les officiers lui commandent de s'asseoir : il s'agenouille; l'eau lui vient jusqu'à la bouche; cependant, les mains toujours jointes et élevées, il prie encore.

Peu à peu son corps perd toute sensibilité, ses mains s'abaissent, et son cœur seul reste élevé vers Dieu, de qui il attend la force de supporter jusqu'au bout son tourment.

Les bourreaux lui jettent de l'eau sur la tête, au grand divertissement des spectateurs. En pénétrant dans ses yeux et ses oreilles, cette eau le fait horriblement souffrir. Son visage est livide, son corps s'affaisse par degrés, encore quelques instants et il va mourir : lui-même ne se le dissimule pas.

Cependant les officiers, qui ne veulent pas lui enlever la vie par ce supplice, lui commandent de se lever et de sortir de l'eau. Mais c'est en vain qu'il essaye de se remuer : tout son corps est glacé, il n'a plus ni force ni mouvement.

A la fin pourtant, par un suprême effort il parvient à se redresser et à sortir du bassin. Ses membres sont violacés; il tremble, il grince des dents. Les officiers font mettre le feu à quelques poignées de paille et lui disent de se chauffer; puis ils le renvoient dans sa prison.

Lorsque ses compagnons le virent rentrer tout transi, ils se dépouillèrent de leurs vêtements pour le couvrir et le réchauffer. Cela ne suffisant pas, ils se couchèrent près de lui et réussirent enfin à lui rendre un peu de chaleur. Zen-Yemon fut dès lors complètement remis de son indisposition précédente. Il ne put dire exactement combien de temps avait duré son supplice; mais il lui avait paru fort long (environ deux heures).

Il ne fut pas seul à le subir. Un autre de ses compagnons, nommé Jinsaburo, l'endura peu de temps après et comme lui sans apostasier. Plus tard ce fut le tour de Kumetaro de Nakano et de Mataichi de Hirado.

Lorsque, en 1870, tous les chrétiens d'Urakami furent déportés, cent cinquante d'entre eux furent envoyés à Tsuwano et joints, dans la pagode de Kodenji, aux vingt-huit qui souffraient déjà depuis deux ans. Parmi eux se trouvait Guza-Yemon, frère de Zen-Yemon : lui aussi eut à souffrir le supplice de l'eau glacée dans le même bassin. Les derniers venus

Mgr Petitjean, vicaire apostolique du Japon.

furent sévèrement traités ; les hommes furent séparés des femmes, excepté ceux qui étaient mariés, auxquels on permit de vivre en famille. Les femmes obtinrent de sortir dans la cour pour laver le linge et le faire sécher ; mais les hommes furent condamnés à une reclusion absolue et à une inaction complète.

Pour tous la nourriture fut très insuffisante. Pendant l'hiver on leur enlevait leurs habits, et on les exposait ainsi au froid pendant deux ou trois jours, sans leur donner le moindre aliment. Les femmes elles-mêmes furent soumises à cette épreuve. Douze d'entre elles la subirent, parmi lesquelles quatre ou cinq apostasièrent de bouche et se rétractèrent presque aussitôt après.

Attribuant aux encouragements de Zen-Yemon la constance de leurs victimes, les officiers l'enfermèrent dans une prison particulière avec deux de ses compagnons, Kumakichi et Wasaburo. Ces deux derniers y étant morts, d'autres en plus grand nombre vinrent les remplacer.

Cette prison était un lieu obscur et infect, qui recevait à peine la lumière du jour. Les malheureux étaient couchés sur un peu de paille. Ils étaient dévorés par la vermine, qui fourmillait sur le sol et dans leurs habits. Comme ils ne pouvaient sortir, même pour satisfaire aux exigences les plus impérieuses, l'infection de leur prison était insupportable.

Leur ration de riz diminuait de plus en plus. Ils s'attendaient à une mort prochaine. Torturés par la faim, ils essayèrent un jour de faire un trou dans le mur pour aller à la recherche d'un peu de nourriture. Mais ils avaient à peine commencé leur travail que leur geôlier s'en aperçut. Dans sa colère, il saisit une sorte de bêche qui se trouvait là, et en donna de grands coups sur la tête et sur les épaules de Zen-Yemon. Le sang jaillit en telle abondance, que ses compagnons ne surent d'abord comment l'arrêter. N'ayant aucun linge pour panser ses plaies, l'un d'eux déchira un morceau de son habit, lui lia fortement la tête, et peu à peu le sang cessa de couler. A cette nouvelle, quelques-uns de ceux qui avaient eu la faiblesse d'apostasier et avaient obtenu en échange de pouvoir sortir librement, réussirent à faire parvenir au blessé des remèdes et de la nourriture, et en peu de temps ses plaies furent fermées. Il n'était cependant pas au bout de ses souffrances.

Dans l'intérieur de sa prison se trouvaient suspendues au toit quelques poutres retenues seulement par des cordes de paille. Ces cordes étant usées, l'une des poutres lui tomba sur la tête et ouvrit ses blessures à peine cicatrisées.

Les douleurs qu'il ressentit alors furent si aiguës qu'il pensa mourir. Mais Dieu, qui veille sur ses saints et se plaît parfois à les consoler dès cette terre des maux qu'ils endurent pour son nom, lui réservait de vivre encore de longs jours dans sa vallée d'Urakami, redevenue chrétienne, et de voir, avant de quitter ce monde, le gouvernement de son pays accorder cette liberté religieuse pour laquelle il avait tant combattu.

Dans les autres villes où les chrétiens furent torturés, comme à Tsuwano, les bourreaux s'épuisèrent en vain, les confesseurs de la foi demeurèrent invincibles, et le souverain pontife Pie IX, répondant aux lettres des fidèles de la vallée d'Urakami et des élèves du séminaire, pouvait en toute vérité écrire ces paroles à M. Petitjean :

« Ce n'est pas sans un transport doux à notre cœur que nous avons reçu ces lettres. Il y brille, en effet, une foi si ferme, un si puissant amour de la religion, des sentiments si vifs de reconnaissance pour le bienfait de la doctrine évangélique, tant de soumission à cette chaire de Pierre, tant de grandeur d'âme, que non seulement l'affliction causée à notre cœur par vos infortunes en est effacée, mais que nous sommes encore forcé de rendre grâces à Dieu pour le grand don de force fait à ces chrétiens.

« Nous félicitons donc ces bien-aimés fils de ce que, au début même de leur entrée publique dans la foi, ils ont été jugés dignes de souffrir l'opprobre pour le nom de Jésus ; nous les félicitons de ce qu'ils ont parfaitement compris que la vie de l'homme sur la terre est un combat, de ce qu'ils se sont souvenus que leur divin Maître a dit à ses disciples : « S'ils m'ont « persécuté, ils vous persécuteront aussi, » et qui leur a prescrit à chacun de porter sa croix et de le suivre ; mais surtout nous les félicitons de ce qu'ils sont bien persuadés que ceux-là sont heureux qui sont persécutés par les hommes pour le nom du Seigneur, de ce qu'ils sentent qu'ils doivent se réjouir, parce que leur récompense sera grande dans le ciel. »

III

RUINE DE BONGA. — MARTYRE DE NEUF MISSIONNAIRES FRANÇAIS EN CORÉE.

Deux pays d'Extrême-Orient étaient demeurés fermés à la prédication de l'Évangile : le Thibet et la Corée. Tous les deux dépendaient de la Chine ; et si la diplomatie, appuyée par nos victoires de 1858 et de 1859, avait fortement pesé sur le gouvernement impérial de Pékin, comme son devoir l'exigeait, les missionnaires auraient certainement obtenu la liberté qu'ils avaient dans les autres régions.

Il n'en fut pas ainsi, et bientôt les prédicateurs de l'Évangile furent chassés du Thibet et les missionnaires de la Corée décapités.

Ce sont ces deux faits que nous allons raconter dans notre chapitre.

Quelques succès chèrement achetés réjouissaient les missionnaires du Thibet, mais ils irritaient les autorités chinoises.

Les premières chrétientés fondées par le zèle des missionnaires furent détruites. Le tour de Bonga, la plus importante et la plus ancienne, vint ensuite.

Le 29 du mois de septembre 1865, le P. Desgodins et le P. F. Biet, ainsi que les chrétiens qui s'étaient retirés à Bonga, furent attaqués par deux ou trois cents hommes armés, conduits par le lama Atou, chef de la lamaserie de Men-Kong, et par quatre personnages envoyés par des mandarins de Lhassa, qui se disaient eux-mêmes appuyés officiellement par le roi de Lhassa et les trois grandes lamaseries.

Cette bande arrive avant le point du jour, et les missionnaires se réveillent au bruit des coups de fusils, des portes et des fenêtres qui volent en éclats; ils sont en un instant faits prisonniers, après quoi on parla raison, suivant l'expression du pays.

Le P. Desgodins eut beau présenter ses passeports, les traités des empereurs de la France et de la Chine, les écrits du gouverneur du Sé-Tchouen, ceux de la légation, qui nous cédaient Bonga à perpétuité, écrits reconnus par Pékin et par Lhassa; on lui répondit qu'on ne reconnaissait aucun de ces écrits et que, quand même ils en auraient davantage, ce serait la même chose; qu'il fallait partir au plus vite, ou sinon !...

Les missionnaires plaidèrent leur cause jusqu'à trois heures de l'après-midi; on leur disait sans cesse :

« Nous ne connaissons pas vos écrits ni les empereurs dont vous parlez : il faut partir, ou sinon !... »

Les prédicateurs de l'Évangile durent subir leur sort, et « le 7 octobre, écrit le P. Desgodins, au moment où nous défilions tristement au pied de la montagne, on nous donna un spectacle bien pénible : on nous fit voir nos maisons tout en feu.

« Trois jours après, à Trana, nous rencontrâmes les mandarins chefs et nous entrâmes en explications; j'exhibai encore toutes mes paperasses d'édits, de traités revêtus des cachets impériaux; on y répondit par des railleries et des insultes à notre adresse et à celle de la France, et la conclusion était toujours : Il faut partir.

« — Oui, nous partirons, cela est bien certain, mais nous ne pouvons nous dispenser de faire savoir à notre empereur et à celui de la Chine la manière indigne avec laquelle vous agissez à l'égard de toutes leurs prescriptions; vous êtes cependant sujets de la Chine.

« — Allez leur dire ce que vous voudrez, » répondirent-ils; et le reste de la phrase, quant au ton et au sens, était un véritable langage de caserne.

« Nous n'étions pas encore au bout de nos peines. Pour-

partir je demandai qu'on me rendît tout mon monde, qui était toujours prisonnier; on me répondit :

« — Quant aux Chinois, oui; mais pour les Thibétains et les esclaves, jamais ! »

« Dans l'intérêt de leurs âmes, nous ne pouvions à aucun prix consentir à ce qu'il en fût ainsi.

« De nouvelles conférences n'aboutirent pas plus que les premières. Enfin on me dit :

« — Soignez bien vos gens jusqu'à tel jour, et si, ce jour arrivé, vous n'avez pas consenti, nous les jetterons tous à l'eau ! »

« C'était clair, j'avais donc deux jours devant les mains; nous consolâmes tout notre petit monde, je confessai les uns, le P. F. Biet baptisa les autres, et tous se montrèrent bien disposés au martyre. »

Au jour indiqué, il y eut une dernière sommation, que les missionnaires accueillirent par un refus, ne pouvant consentir à voir retomber leurs chrétiens aux mains des païens; alors on les enchaîna tous et l'on se mit en marche vers le fleuve.

Le P. Desgodins et le P. Biet les suivirent pour leur donner une dernière absolution et pour être témoins de leur triomphe; quand on les vit si résolus, on prit le parti de jeter à l'eau un malheureux jeune homme qui était venu à Bonga, la veille de l'expédition.

Le P. Desgodins réclama; ses paroles furent inutiles; on se contenta de lui dire :

« A demain un autre, et ainsi de suite jusqu'au dernier. »

Immédiatement après cette scène, le missionnaire écrivit un mot énergique aux quatre grands chefs, en disant :

« Vous avez volé tout mon monde; toute ma vie je réclamerai; si un seul meurt entre vos mains, vous aurez à en porter le péché, et vous en répondrez. Tout ce qui est entre nos mains vous appartient, faites ce que vous voudrez de nous. »

« Ce petit billet fit impression, raconte-t-il, car le lendemain, au lieu de venir chercher une victime, on nous proposa un arrangement auquel nous pouvions consentir en conscience, et moyennant lequel on nous rendait tout notre monde.

« Je fis donc un écrit qui ne nous engageait pas beaucoup, et je l'accompagnai de cinquante taëls (400 francs); cette somme n'était pas le prix de rachat de nos chrétiens, mais, selon l'usage du pays, aucune affaire ne se traite sans un présent accompagné d'un *kata* ou petit morceau de soie blanche : c'est la politesse thibétaine. L'affaire présente étant des plus graves, le présent de politesse devait être plus considérable, et j'allai le présenter ; tout fut accepté, et l'on me rendit toute ma petite famille chrétienne, qui, par ses gestes plus encore que par ses paroles, me témoignait sa joie de nous retrouver en liberté.

« Après avoir donné quelque argent en récompense à nos médiateurs, nous rassemblâmes nos provisions, et nous prîmes tous ensemble le chemin de la frontière, conduits, soi-disant, aux frais du gouvernement, mais en réalité aux frais du peuple, qui fut obligé de fournir les corvées pour quarante personnes et pour nos nombreux bagages. »

Arrivés sur les bords du Lan-Tsang-Kiang, au village de Kiata, où se trouvent les puits de sel, les missionnaires allèrent loger dans une maison dépendant directement de Bathang et sur le territoire même de la Chine ; leurs effets, au contraire, furent gardés dans une autre maison de ce même village, mais qui dépendait du Thibet ; il était facile, d'après cela, de prévoir de nouvelles tribulations.

En effet, les lamas de Lagon-Gun, qui se trouvaient à quelques lieues plus haut sur la montagne, voulurent forcer les conducteurs des missionnaires à faire passer le fleuve à ces derniers, et après, bien des discussions, on les amena jusqu'au petit village de Gunra, qui se trouve vis-à-vis de Kiata, sur le territoire de Bathang.

Le P. Desgodins protesta de nouveau contre la violence qu'on lui faisait dans un pays soumis directement à la Chine, car c'était un nouveau grief ajouté à tant d'autres. On le laissa dire, et le crime demeura impuni. Jusqu'à ce jour Bonga est resté solitaire, mais les missionnaires n'ont pas renoncé à y planter tôt ou tard l'étendard de Jésus-Christ, et on peut espérer qu'avec la grâce de Dieu ils y réussiront.

Du Thibet passons en Corée, où la persécution éclate également contre les prédicateurs de l'Évangile ; mais, au lieu de les chasser, on les tue, et leurs noms, entourés de l'auréole brillante des martyrs, honorent la sainte Église catholique.

Il y avait alors en Corée une dizaine de missionnaires dont plusieurs avaient une grande expérience du ministère. A leur tête se plaçait, non seulement par la dignité mais encore par l'intelligence, l'ardeur, l'habileté et le courage, Mgr Berneux, dont un de ses missionnaires, M. Féron, a écrit :

« A une piété angélique, à un zèle ardent pour le salut des âmes, Mgr Berneux joignait une connaissance profonde de la théologie et une capacité rare pour l'administration.

« Son activité ne lui laissait aucun repos. Je n'ai jamais pu comprendre comment il suffisait seul à ce qui eût occupé trois ou quatre missionnaires, comment il pouvait entrer dans le plus petit détail de toutes les affaires spirituelles ou temporelles. Il avait le district le plus vaste, une correspondance très étendue avec les missionnaires et les chrétiens ; il était le consulteur universel, le procureur de la mission ; il donnait à la prière un temps considérable ; et néanmoins, quand un missionnaire allait le voir, il semblait n'avoir rien à faire que de l'écouter, de s'occuper de lui, de le récréer par sa conversation pleine d'esprit et d'amabilité.

« Il n'était pas, ce semble, naturellement porté à l'humilité ni à la douceur. On devinait que, s'il n'eût été un saint, sa fermeté serait devenue aisément de la tyrannie et sa plaisanterie du sarcasme. Mais la grâce avait tout corrigé.

« On pouvait le contredire sur tout ; il savait mettre tout le monde à l'aise, et ses lettres à ses missionnaires contenaient toujours quelque mot d'affectueuse tendresse. Sa modestie était portée à un excès qui nous faisait quelquefois sourire, et dont le bon évêque riait le premier, mais sans en rien rabattre. Quant à sa nourriture, lorsqu'il était seul, un peu de riz et quelques légumes, c'était tout. Il s'était interdit le vin de riz dans ses dernières années.

« Jamais ni la viande, ni le poisson, ni même les œufs ne paraissaient sur sa table, sinon quand il recevait quelqu'un de nous.

« Alors il faisait tous ses efforts pour bien traiter son hôte, et lui, qui ne mangeait jamais du pain quand il était seul, attendu que les Coréens n'en font point, prenait plaisir à pétrir lui-même quelques pains pour les offrir à un confrère qui venait le voir, ou les lui envoyer en province par quelque occasion.

« Un fait vous donnera la mesure de sa mortification : les cruelles douleurs de la pierre, dont il souffrait habituellement, ne lui faisaient interrompre son travail que quand il était gisant à terre, presque à l'agonie. Je l'ai vu passer vingt-quatre heures de suite au confessionnal, et comme je me permettais de le gronder :

« — Que voulez-vous, me répondait-il, ces douleurs m'empêchent de dormir. »

Son coadjuteur, Mgr Daveluy, donnait les derniers soins à la publication de divers ouvrages importants pour l'instruction des néophytes.

C'est dans cette année surtout qu'entouré de livres, de traducteurs et de copistes, compulsant des manuscrits précieux, et consultant la tradition orale, il put recueillir des documents du plus haut intérêt, ajouter cent cinquante pages aux annales des premiers martyrs et rédiger des notes biographiques sur presque tous les confesseurs.

Pour éclairer quelques-unes des obscurités, combler plusieurs lacunes de l'histoire de la grande persécution de 1801 et des temps qui l'avaient précédée, il fit dans les parties les plus éloignées de la chrétienté un voyage de trois mois, afin de retrouver et d'interroger en personne, sous la foi du serment, tous les témoins qui pouvaient lui donner quelque renseignement utile.

Il envoya à M. Albrand, supérieur du séminaire des Missions Étrangères, la traduction des documents qu'il avait recueillis. Ce fut une heureuse inspiration ; car, au printemps de l'année suivante, le feu prit à la maison épiscopale, en l'absence du prélat, et consuma une grande caisse où étaient réunis, en sept ou huit volumes, les livres originaux de l'histoire des martyrs en chinois et en coréen, avec différents travaux sur l'histoire du pays, et une quantité de livres coréens très précieux.

Le provicaire, M. Pourthié, dans les courts instants que lui laissait le soin du séminaire, continuait le grand dictionnaire commencé par Mgr Daveluy, pendant que M. Petitnicolas, son collègue au séminaire, s'occupait de la paroisse voisine, et que M. Féron faisait ses débuts dans le ministère apostolique.

Plusieurs autres jeunes missionnaires venaient d'arriver et

partageaient déjà les travaux des anciens, dont ils allaient bientôt partager le martyre.

Disons un mot des événements politiques qui amenèrent l'hécatombe que nous allons raconter.

La mort du roi, arrivée en 1864, avait rendu l'influence au vieux parti des persécuteurs. L'une des quatre veuves couronnées, la reine Tcho, s'empara par surprise du sceau royal et, sous le nom du défunt, transmit le trône suivant la coutume coréenne à un prince de son choix. C'était un enfant de douze ans. Par ce moyen elle s'assurait la régence.

Pour accomplir ce coup d'audace, elle avait dû s'appuyer sur une faction qui était précisément celle des pires ennemis du christianisme. Aussi, bien que personnellement elle ne fût pas portée aux mesures de violence, elle dut prendre pour ministres les partisans de la persécution. Ainsi se préparaient les terribles événements qui devaient accabler de maux l'Église coréenne.

Un incident de la politique étrangère en précipita la réalisation.

Depuis plusieurs années les Russes faisaient en Tartarie des progrès inquiétants pour l'indépendance de la Corée; d'annexions en annexions, ils s'étaient rapprochés de la frontière septentrionale de ce royaume, et touchaient au petit fleuve qui la limite de la province de Ham-Kieng. En janvier 1866, un navire russe se présenta à Ouen-San, port de commerce sur la mer du Japon; de là le commandant envoya à la cour de Séoul une lettre impérieuse réclamant la liberté du commerce et le droit pour les marchands russes de s'établir en Corée.

L'émoi fut grand à la cour et dans tout le royaume. Le zèle malencontreux de quelques chrétiens tourna contre l'Église le mouvement qui agitait le pays. Convaincus que de la démarche des Russes pouvait enfin sortir l'émancipation religieuse de la Corée, ils écrivirent au régent pour lui persuader que l'unique moyen d'éloigner leurs puissants voisins était de contracter une alliance avec la France et l'Angleterre, et que le négociateur-né de cette alliance était l'évêque catholique.

Le régent reçut la lettre sans manifester son sentiment. Partageait-il la manière de voir de ceux qui l'avaient écrite? En tous cas, il s'informa de Mgr Berneux et exprima le désir de lui parler. Celui-ci venait de quitter Séoul pour commencer l'administration en province, et jamais ses travaux apostoliques n'avaient été aussi féconds.

L'invitation du régent lui ayant été transmise, il se hâta d'y déférer. Quatre jours après, le 25 janvier, il était de retour à la capitale. Mais le régent, informé de son arrivée, négligea de l'appeler, et cette abstention laissa planer un doute terrible sur ses véritables dispositions.

Dans l'intervalle, il est vrai, il avait eu avec un des auteurs de la lettre un long entretien sur la religion chrétienne, en avait admiré la doctrine morale, mais s'était plaint de l'interdiction qui proscrit les sacrifices aux ancêtres. En réalité, le régent gagnait du temps ; il voulait s'inspirer des événements.

Malheureusement, une fois de plus, les menaces des Européens avaient été vaines et le navire russe s'était éloigné ; le parti de l'intolérance triompha. Le régent, à supposer que ses sentiments intimes fussent favorables, n'était pas homme à s'exposer pour protéger les catholiques.

Mgr Berneux, martyrisé en Corée (1868).

Les mesures de violence et d'injustice ne répugnaient pas à son caractère. Il céda au courant, et la perte des missionnaires fut résolue.

Pendant ce temps Mgr Berneux, las d'attendre inutilement, avait de nouveau quitté Séoul et repris ses travaux, mais sans s'éloigner beaucoup. Il revint le 5 février.

Quelques jours plus tard, il ne pouvait plus se faire d'illusions sur le sort qu'il l'attendait. Des satellites se présentèrent pour faire une perquisition chez lui, sous un prétexte fiscal. L'évêque comprit qu'on voulait s'assurer de sa personne ; mais il crut d'abord qu'on se proposait seulement de le garder à vue, et dès lors il refusa de changer de retraite, craignant que, pour le découvrir, la police n'étendît ses investigations à toutes les maisons des fidèles, et que les vexations ne devinssent générales.

La perfidie de son domestique, assez mauvais chrétien, amena précisément le résultat que, dans son dévouement, le vicaire apostolique avait voulu prévenir. Le traître indiqua aux satellites la résidence exacte des missionnaires, dont l'arrestation fut immédiatement résolue et exécutée.

Mgr Berneux fut naturellement pris le premier.

Le 23 février, à quatre heures du soir, sa maison fut envahie; il fut saisi, garrotté, puis, comme il n'opposait aucune résistance, délié presque aussitôt et conduit au tribunal de droite, ainsi nommé parce qu'il est situé à droite du palais; de là, à la prison criminelle du Kou-Riou-Kan, où sont enfermés pêle-mêle les criminels de bas étage; et le surlendemain il fut transféré à la prison Keum-Pou réservée aux accusés nobles et aux criminels d'État.

Les soldats chrétiens, présents aux divers interrogatoires du confesseur de la foi, ont noté ses réponses et toutes les circonstances du drame.

« Quel est votre nom? demanda le juge.

— Tjiang (c'était le nom coréen de Mgr Berneux).

— Qu'êtes-vous venu faire en Corée?

— Sauver vos âmes.

— Depuis combien d'années êtes-vous dans ce pays?

— Depuis dix ans, et pendant ce temps j'ai vécu à mes dépens; je n'ai rien reçu gratis, pas même l'eau ou le bois. »

L'évêque faisait allusion aux calomnies des païens, qui prétendaient que les missionnaires, manquant du nécessaire dans leur propre pays, venaient en Corée pour s'enrichir.

« Si on vous met en liberté, et qu'on vous ordonne de retourner dans votre pays, obéirez-vous?

— Si vous m'y reconduisez vous-mêmes de force, il faudra bien que j'y aille; sinon, non.

— Mais nous ne connaissons pas votre pays; comment donc pourrions-nous vous y reconduire? Votre réponse signifie que vous ne voulez pas quitter la Corée.

— Comme vous voudrez; je suis entre vos mains, et je suis prêt à mourir. »

Le lendemain, 27, nouvel interrogatoire, auquel assistèrent

le régent et son fils aîné. On proposa au captif d'apostasier.

« Non, certes, répondit-il ; je suis venu prêcher la religion qui sauve les âmes, et vous voudriez que je la renie !

— Si vous n'obéissez pas, vous serez frappé et mis à la torture.

— Faites ce que vous voudrez ; assez de questions inutiles. »

L'effet suivit de près la menace. On fit subir au vénérable évêque, entre autres tortures, la bastonnade sur les jambes et la poncture des bâtons sur tout le corps, principalement sur les côtes. Les os des jambes furent dégarnis de leur chair, mis à nu et horriblement contusionnés ; bientôt le corps ne fut plus qu'une plaie.

Le supplice terminé, on enveloppa les jambes avec du papier huilé et quelques morceaux de toile, et on reconduisit le confesseur en prison.

La même scène se renouvela à diverses reprises les jours suivants ; mais les forces de Mgr Berneux étaient tellement épuisées et sa voix devenue si faible, que les soldats chrétiens ne purent entendre ses paroles.

La sentence de mort fut enfin portée en ces termes :

« L'accusé Tjiang refusant d'obéir au roi, et ne voulant ni apostasier, ni donner les renseignements qu'on lui demande, ni retourner dans son pays, aura la tête tranchée après avoir subi les différents supplices. »

Trois ou quatre jours après l'arrestation de Mgr Berneux, trois autres missionnaires, MM. de Bretenières, Beaulieu et Dorie, avaient été pris. Tout se passa pour eux comme pour leur évêque.

Ils expliquèrent en quelques mots la raison de leur présence en Corée et leur ferme résolution de mourir pour Dieu. Quant au reste, ils s'excusèrent de ne pas répondre, parce que, nouvellement arrivés, ils ne connaissaient pas encore assez la langue. Ils reçurent la bastonnade sur les os des jambes et sur les pieds, et subirent aussi la poncture des bâtons. Leur dernier interrogatoire se termina par une sentence de mort.

Quelques jours se passèrent dans l'attente de l'exécution, dans les souffrances d'un corps brisé, dans la joie de l'âme heureuse de ses saintes espérances réalisées et de son amour victorieux.

Enfin, le 8 mars 1866, les quatre condamnés furent extraits de la prison. Mgr Berneux était en tête; MM. de Bretenières, Beaulieu et Dorie suivaient leur chef.

Incapables de se tenir debout, ils étaient portés chacun sur une chaise de bois, les jambes et les bras étendus en avant et liés aux barreaux, la tête renversée en arrière et attachée par les cheveux. Au-dessus de leur tête, comme au-dessus de la croix du Sauveur, une planchette portait inscrite la sentence de condamnation :

« Un tel (nom coréen du missionnaire), rebelle et désobéissant, condamné à mort après avoir subi plusieurs supplices. »

Pendant le trajet de la prison de Saï-Nam-To, les porteurs se reposèrent plusieurs fois. Dans ces intervalles Mgr Berneux s'entretenait avec ses prêtres, qui ne pouvaient dissimuler leur allégresse. Parfois, jetant les yeux sur la foule des curieux, il s'écriait en soupirant :

« Hélas! mon Dieu, qu'ils sont à plaindre! »

Quelques assistants ayant eu la lâcheté d'insulter et de railler les martyrs, le saint évêque, apôtre jusqu'au dernier moment, leur dit avec fermeté :

« Ne vous moquez pas et ne riez pas ainsi; vous devriez plutôt pleurer. Nous étions venus pour vous procurer le bonheur éternel, et maintenant qui vous montrera le chemin du ciel? Oh! que vous êtes à plaindre! »

Le cortège arrivé près du village de Saï-Nam-To, Mgr Berneux est appelé. Ses bras sont liés fortement derrière le dos; un bourreau replie l'une contre l'autre les deux extrémités de chaque oreille et les traverse de haut en bas par une flèche, qui y demeure fixée.

Deux autres bourreaux aspergent d'eau le visage et la tête, qu'ils saupoudrent ensuite de chaux; puis, passant deux morceaux de bois sous les bras, soulèvent l'évêque et le montrent aux spectateurs en lui faisant faire huit fois le tour de la place, rétrécissant chaque fois le cercle qu'ils forment en marchant de manière à se trouver au milieu du terrain.

La victime est alors placée à genoux, la tête inclinée en avant, retenue par les cheveux liés à une corde que tient un soldat. Les six bourreaux brandissent de longs coutelas, tournent autour en exécutant une danse sauvage et en poussant des cris horribles; chacun d'eux frappe à volonté. Au troisième coup, la tête du vénérable évêque roule sur le sol; et tous les soldats crient à la fois :

« C'est fini ! »

La tête est aussitôt ramassée; selon l'usage, elle est placée sur une petite table avec deux bâtonnets, puis portée au man-

Le palais du roi, à Séoul. (D'après une photographie.)

darin, pour qu'il puisse constater de ses propres yeux que c'est bien celle du condamné.

De Bretenières lui succéda, puis Beaulieu et enfin Dorie, qui, après avoir vu se répéter trois fois ces scènes sanglantes, consomma lui-même son glorieux martyre.

Le jour même de l'exécution de Mgr Berneux et de ses compagnons, deux autres missionnaires, Pourthié et Petitnicolas, étaient jetés dans la prison de Séoul; traduits immédiatement devant les juges, ils eurent à subir les mêmes interrogatoires et les mêmes tortures que les premiers confesseurs. M. Pourthié, épuisé par la maladie, ne prononça que quelques mots. M. Petitnicolas portait habituellement la parole, et, pour cette raison sans doute, il fut plus souvent et plus cruellement flagellé et percé de bâtons aiguisés. Leur sentence fut rendue presque aussitôt et exécutée le 11 mars.

Avec eux périrent un jeune Coréen de vingt et un ans, Alexis Ou, qui avait eu beaucoup de difficultés à surmonter pour devenir chrétien et qui se montra héroïque au milieu d'affreux tourments, et un catéchiste âgé de soixante-seize ans, Marc Tieng, serviteur dévoué des missionnaires, dont la constance ne fut pas moins admirable dans les supplices.

En quelques jours, six missionnaires avaient été mis à mort; mais la rage des persécuteurs n'était pas satisfaite, ils voulaient en finir de suite avec les prédicateurs de l'Évangile.

Instruits par les dénonciations du traître Ni-Son-I, qui avait livré Mgr Berneux, les mandarins savaient la présence d'autres prêtres français en Corée; ils connaissaient même le lieu ordinaire de leur résidence.

Les satellites furent lancés dans toutes les directions. Mgr Daveluy fut arrêté le premier. Appelé lui aussi par le régent, il avait quitté Séoul après une attente inutile et avait repris sa tournée d'administration dans la plaine de Naï-Po, lorsqu'il reçut un billet de M. de Bretenières l'informant de l'arrestation de Mgr Berneux. Il crut d'abord à un simple incident et pensa que le gouvernement tenait à avoir sous la main les évêques et les missionnaires, pour sortir plus aisément des complications politiques avec les Russes.

Le 11 mars, jour du martyre de MM. Pourthié et Petitnicolas, il fut arrêté chez un de ses catéchistes.

Encore convaincu que le gouvernement ne songeait pas à ordonner une persécution générale et n'en voulait qu'aux missionnaires européens, il craignit, en laissant se prolonger les recherches, de compromettre un plus grand nombre de chrétiens, et il fit dire à M. Huin, alors caché à Keu-To-Ri, qu'il lui conseillait de venir le rejoindre.

Les satellites, en acceptant d'envoyer la lettre, promirent de ne pas procéder à d'autres arrestations; mais la promesse ne fut pas tenue, et bientôt la terreur s'étendit sur tout le pays.

M. Huin déféra immédiatement à l'avis de son évêque. Presque en même temps, M. Aumaître, avant d'avoir reçu un semblable avis, que Mgr Daveluy lui avait d'ailleurs également expédié, mais obéissant à la même pensée de charité pour les pauvres Coréens, se livra aux satellites. Aussi bien les mesures de rigueur prises par la police ôtaient aux missionnaires nommément recherchés tout espoir d'échapper aux poursuites; ils ne pouvaient, en se cachant quelques jours de plus, qu'attirer de nouveaux malheurs sur un plus grand nombre de maisons suspectées de catholicisme.

Satisfaits de cette reddition spontanée, les satellites mirent en liberté les chrétiens arrêtés avec l'évêque. Mais le serviteur de celui-ci, Luc Hang, refusa de s'en aller et voulut partager le sort de son maître. Ici comme ailleurs, les exemples du dévouement le plus sublime côtoyaient ceux de la perfidie.

Tandis qu'on emmenait les confesseurs de la foi à la capitale, un riche païen s'approcha de Mgr Daveluy et lui dit avec l'accent d'une respectueuse sympathie :

« Au point de vue de l'âme, ce que vous faites est bien beau; mais votre sort est terrible et me fait grande compassion. »

Conduits à Séoul et enfermés dans le Kou-Riou-Kan, les quatre prisonniers subirent les interrogatoires et les tortures ordinaires. Les détails manquent sur les circonstances de leur confession.

Nous savons seulement que Mgr Daveluy fut le plus cruellement tourmenté et que, questionné sur la religion, il fit de ses interrogatoires l'occasion d'une prédication développée de la foi chrétienne.

Le quatrième jour leur sentence fut portée. Mais le roi était alors malade, et une nombreuse troupe de sorciers, réunis au palais, faisaient pour le guérir des cérémonies diaboliques; de plus, il devait bientôt célébrer son mariage.

On craignit que le supplice des Européens ne nuisît à l'effet des sortilèges, et que l'effusion de sang humain dans la capitale ne fût d'un fâcheux augure pour les noces royales. Ordre fut donné d'aller exécuter les condamnés dans la presqu'île de Sou-Rieng, à vingt-cinq lieues au sud de Séoul. On les emmena de suite en leur adjoignant un autre confesseur, Joseph Tjiang, catéchiste et maître de maison de M. Pourthié.

Ils furent conduits à cheval au lieu de l'exécution. Leurs jambes, brisées par la bastonnade, étaient enveloppées de papier huilé retenu par des lambeaux de toile; sur la tête, ils portaient le bonnet jaune, et autour du cou, la corde rouge.

Leur cœur surabondait de joie, et plusieurs fois, au grand étonnement des satellites et des curieux, ils adressèrent à Dieu de ferventes actions de grâces, en chantant des psaumes et des cantiques.

Le jeudi saint, 29 mars, ils étaient arrivés assez près du lieu de l'exécution. Mgr Daveluy entendit les satellites qui, causant entre eux, se promettaient de retarder encore l'immolation des confesseurs pour aller les montrer à la ville voisine.

Alors, touché d'un saint désir de mourir le jour même de la mort du Sauveur, il les interrompit :

« Non, s'écria-t-il, ce que vous dites là est impossible. Vous irez demain droit au lieu de l'exécution, car c'est demain que nous devons mourir. »

La parole du condamné fut obéie, et le lendemain, vendredi saint, 30 mars 1866, l'évêque, ses deux prêtres, son catéchiste et son serviteur donnèrent leur vie pour Jésus-Christ.

On dit que le mandarin qui présidait à l'exécution voulut que les martyrs se prosternassent devant lui. C'est l'usage en Corée que les condamnés saluent ceux qui les font mourir. Mgr Daveluy répondit noblement qu'il saluerait à la manière française, et il refusa de se mettre à genoux. Une poussée brutale le jeta la face contre terre.

Un autre incident horrible marqua le supplice du saint évêque.

L'exécuteur n'avait pas fixé le prix de sa sanglante besogne. Après avoir déchargé sur le condamné un premier coup qui lui entailla profondément la nuque, il s'arrêta et refusa de continuer si on ne lui promettait une forte somme. L'avarice du mandarin résistait à ses prétentions; il fallut réunir les employés de la préfecture pour décider le cas. La discussion dura longtemps, la victime se débattait à terre dans les convulsions de l'agonie. Enfin le marché fut conclu, et deux nouveaux coups de sabre délivrèrent l'âme du témoin de Jésus-Christ.

« En apprenant le martyre de Mgr Berneux, écrivait le

P. Ridel à sa famille, je me suis mis en route avec quelques chrétiens pour gagner Tsin-Pat. Il y avait une rivière à traverser; un courrier du gouvernement se présente en même temps que nous pour passer. J'entre le dernier dans le bateau et me tourne à l'avant pour ne pas être reconnu. La conversation s'engage.

« — Moi, dit un païen au courrier, je reviens de Tiei-Tcheu pour l'affaire de ces coquins d'Européens, que l'on a pris à la capitale. Y en a-t-il aussi à Tiei-Tcheu?

« — Oui, répond le courrier, il y en a deux; j'ai porté l'ordre de les prendre, et ils ont été arrêtés. »

« Et il se mit à les décrire si bien, que je reconnus facilement qu'il s'agissait des PP. Pourthié et Petitnicolas. Mes chrétiens effrayés ne soufflaient mot; j'essayais de faire bonne contenance.

« Le premier interlocuteur ajouta :

« — A-t-on arrêté aussi leurs femmes?

« — Ils n'en ont pas.

« — Et comment font-ils leur ménage?

« — Ah! je n'en sais rien. Allez le leur demander. »

« Cette réflexion fit rire les chrétiens et empêcha de remarquer leur tristesse trop visible.

« Arrivé à Tsin-Pat, je donnai les sacrements à quelques personnes, je fis enterrer tous mes livres et effets, et je partis le 12 mars pour aller, je ne savais où, chercher un refuge. André, mon maître de maison, m'accompagnait avec sa femme, ses enfants et un certain nombre de chrétiens. Le soir même, Tsin-Pat était envahi par les satellites de la capitale, avec ordre précis d'arrêter l'Européen qui y résidait habituellement et toutes les personnes à son service.

« Après avoir changé plusieurs fois de retraite, et dépensé tout ce que je possédais à nourrir les chrétiens qui m'avaient accompagné, j'ai été obligé d'en renvoyer le plus grand nombre, et je suis venu me réfugier dans un petit hameau au milieu des montagnes.

« J'ai couché quinze jours à côté d'un homme qui avait la fièvre typhoïde, et, à la moindre alerte, à chaque visite que recevaient mes hôtes, je me cachais sous un tas de bois.

« C'est là que, le mardi de Pâques, j'ai appris la mort de

Mgr Daveluy. Le soir, les enfants d'André causaient entre eux de cette triste nouvelle. J'entendis Anna, sa fille aînée, âgée de douze ans, qui disait à ses jeunes frères :

« — On va bientôt venir prendre le Père avec papa et maman ; on nous emmènera, on nous dira aussi : Renonce à la religion ou bien je vais te faire couper en morceaux. Que ferons-nous ?

« — Moi, dit le plus grand, je dirai : Faites comme vous voudrez, mais je ferai comme papa ; je ne renoncerai pas au bon Dieu, et si on me coupe la tête, j'irai chez le bon Dieu.

« — Et moi, ajouta l'autre, je dirai au mandarin : Je veux aller au ciel. Si vous étiez chrétien, vous iriez au ciel ; mais, puisque vous faites mourir les chrétiens, vous irez en enfer. »

« Alors Anna, serrant ses deux frères dans ses bras, leur dit :

« — C'est bien, nous mourrons tous, et nous irons au ciel avec papa, maman et le Père. Mais pour cela il faut prier le bon Dieu, car on nous fera bien mal. On nous arrachera les cheveux, les dents, les mains ; on nous frappera avec un gros bâton, et le Père dit que, si l'on n'a pas bien prié, on ne pourra pas y tenir. »

« J'ai passé près d'un mois et demi dans cette retraite, enviant le sort de nos martyrs, faisant pénitence pour mes péchés, qui m'ont privé du bonheur de partager leur sort, et méditant surtout ces paroles : « Que votre volonté soit faite sur la terre « comme au ciel. » Enfin, le 8 mai, j'ai eu des nouvelles de M. Féron, qui se trouvait caché à quelques lieues de moi ; et le 15, après un voyage de nuit qui n'a pas été sans danger, j'ai pu me jeter dans ses bras. »

Au mois de mai cependant, il y eut un moment de calme ; une grande sécheresse désolait le pays, et les païens eux-mêmes attribuaient les calamités publiques à la persécution et à la mort des missionnaires.

Les PP. Ridel et Féron s'étaient réfugiés ensemble dans un petit hameau composé de quatre maisons, chez une pauvre veuve chargée de six enfants en bas âge. La retraite était sûre, et cette femme, malgré son dénuement, malgré le danger qu'elle courait en donnant asile aux missionnaires, les avait reçus et les gardait avec une cordialité si dévouée, qu'ils y restèrent près de deux mois.

La famine régnait dans la contrée ; les pauvres chrétiens du hameau coupaient l'orge encore toute verte et en faisaient leur nourriture. Les deux missionnaires essayèrent de ce régime, mais ils éprouvèrent aussitôt une indisposition si violente qu'il leur fallut y renoncer.

Les fidèles mirent en commun leurs dernières ressources, vendirent tout ce qu'ils avaient et parvinrent à leur procurer deux boisseaux de riz.

Vers le 15 juin, les PP. Féron et Ridel eurent des nouvelles du P. Calais, qu'ils croyaient mort dans les montagnes, et purent correspondre avec lui. C'est alors que, d'un commun accord, ils décidèrent que l'un d'entre eux devait gagner la Chine pour faire connaître les désastres de la mission, et travailler, s'il était possible, à y porter remède. Le P. Ridel fut désigné pour ce voyage ; il obéit aussitôt et quitta en pleurant sa chère mission de Corée.

« Nous fîmes préparer une barque, écrit-il, ce qui nous coûta des peines extrêmes ; enfin, le jour de la Saint-Pierre, je quittai de nouveau le P. Féron.

« Les satellites étaient de tous les côtés, gardaient toutes les routes ; les douaniers étaient plus vigilants que jamais, et les soldats de la capitale mettaient les barques en réquisition pour transporter les matériaux destinés à la construction d'un nouveau palais, tout autant de périls qu'il fallait éviter.

« J'étais caché au fond de mon petit navire, monté par onze chrétiens résolus, et nos craintes furent grandes pendant trois jours que nous naviguâmes à travers les îles qui bordent la côte ; mais Dieu vint à notre aide, et le sang-froid de mon pilote nous tira d'affaire.

« Enfin nous gagnâmes le large ; j'avais apporté une petite boussole, j'indiquai la route pour filer en pleine mer sur les côtes de la Chine. Mes pauvres marins n'avaient jamais perdu la terre de vue ; quelle ne fut pas leur frayeur lorsque le soir ils ne virent plus autour d'eux que l'immensité des mers ! Un vent furieux se déchaîna ; nous essuyâmes une violente bourrasque, et pendant deux heures nous eûmes toutes les peines du monde à maintenir notre navire.

« Figurez-vous une petite barque tout en sapin, les clous en bois, pas un seul morceau de fer dans sa construction, des voiles en herbes tressées, des cordes en paille. Mais je l'avais appelée le *Saint-Joseph;* j'avais mis la sainte Vierge à la barre et sainte Anne en vigie.

« Le lendemain, point de terre; le troisième jour nous rencontrâmes des barques chinoises; le courage revenait au cœur de mon équipage, mais le calme nous surprit.

« A la nuit nous eûmes encore un coup de vent qui dut nous pousser fort loin dans la bonne direction; le vent soufflait par soubresauts de droite à gauche, la mer se gonflait et frappait les flancs de la barque; on ne pouvait voir à deux pas dans l'obscurité, et il tombait une pluie torrentielle.

« J'admirai le courage de mon pilote; il resta toute la nuit au poste, ne voulant pas céder sa place avant que l'orage fût passé, et tenant fidèlement la direction que je lui avais donnée.

« Enfin le vent cesse, les nuages se dissipent; il ne reste plus que le roulis; bientôt l'orient en feu nous fait présager une belle journée.

« Où étions-nous? où avions-nous été jetés par la tempête? Telle était la question que nous posions, lorsqu'un matelot fait remarquer un point noir qui peu à peu grossit; c'est une terre dans la direction que nous avions prise; plus de doute, c'est la Chine. Nous étions sauvés!

« Puis on signale un navire; bientôt, à ses voiles, on reconnaît un vaisseau européen; il vient vers nous. J'ordonne de passer tout à côté, et je fais hisser un petit drapeau tricolore que j'avais eu soin de préparer avant de quitter la Corée. C'était un beau trois-mâts; j'ai appris depuis qu'il était de Saint-Malo et venait de Tche-Fou. En passant, je lui fais un grand salut. Le capitaine, qui nous regardait avec attention, très étonné de voir flotter un drapeau français sur une si singulière embarcation, qui n'était même pas chinoise, me répond de la manière la plus gracieuse; puis, sur son ordre, on met le drapeau.

« J'attendais avec anxiété; c'était le drapeau de la France; trois fois il s'élève et s'abaisse pour nous saluer. Impossible de vous dire ce qui se passa dans mon cœur. Pauvre missionnaire, depuis six ans je n'avais pas vu de compatriotes! Et, en ce moment, perdu au milieu des mers sans connaître la route, j'aurais voulu rejoindre ce bâtiment; mais ses voiles enflées par un vent favorable l'avaient déjà emporté à une grande distance.

« Bientôt je reconnus la côte; c'était le port de Wei-Haï, d'où j'étais parti six ans auparavant. Nous étions sur les côtes du Chan-tong, dans la direction de Tché-Fou, où je voulais aller.

Coréens. (D'après une photographie.)

« Nous arrivions par conséquent en droite ligne, aussi bien que l'eût pu faire le meilleur navire avec tous ses instruments nautiques. Que la sainte Vierge est un bon pilote! Il ne nous restait que quelques lieues, mais le vent contraire ne nous permit pas d'aborder ce jour-là.

« Le 7 juillet au matin, nous vîmes le port, et à midi nous jetions l'ancre au milieu de navires européens. Aussitôt nous fûmes environnés de Chinois curieux de voir les Coréens, qu'ils reconnurent de suite; je descendis et fus immédiatement entouré d'une foule qui me faisait cortège et regardait avec curiosité mon étrange costume.

« Les nouvelles que j'apportais firent sensation parmi les membres de la colonie européenne. Je me rendis sans retard à Tien-Tsin, où je rencontrai le contre-amiral Roze, qui commandait la croisière française sur les côtes de Chine. Il me fit un accueil bienveillant et me promit son assistance. »

Une expédition eut lieu en effet. Le 10 septembre, la corvette *le Primauguet,* l'aviso *le Déroulède* et la canonnière *le Tardif* quittèrent la Chine pour aller reconnaître la route de Séoul. Le P. Ridel faisait partie de cette expédition, trois de ses chrétiens devaient servir de pilotes.

La route reconnue et les sondages exécutés, la flottille regagna les côtes de la Chine. Le 11 octobre, l'escadre quitta le port de Tché-Fou et se dirigea vers la Corée. Elle était composée de la frégate *la Guerrière,* des corvettes à hélice *le Laplace* et *le Primauguet,* des avisos *le Déroulède* et *le Kien-Chan,* des canonnières *le Tardif* et *le Lebrethon.*

Les troupes françaises s'emparèrent d'abord de la ville de Kang-Hoa, où elles trouvèrent des armes en très grand nombre : arcs, flèches, sabres et environ quatre-vingts canons ; quelques officiers parlaient de marcher sur Séoul. C'était l'avis du P. Ridel et des chrétiens qui servaient de pilotes. L'amiral Roze en jugea autrement. Il écrivit une lettre au gouvernement coréen, dans laquelle il déclarait « qu'il était venu au nom de Napoléon, souverain du grand empire de France ; que Sa Majesté, dont la sollicitude s'étendait sur tous ses sujets, en quelques lieux qu'ils fussent, voulait qu'ils fussent partout en sûreté et traités comme il convenait à des citoyens d'un grand empire ; qu'ayant appris que le gouvernement de Corée avait mis à mort neuf Français, il venait demander réparation : qu'on eût donc à lui remettre les trois ministres qui avaient contribué le plus à la mort de ces Français, et qu'on envoyât en même temps un plénipotentiaire pour poser les bases d'un traité ; sinon, il rendait le gouvernement de Corée responsable de tous les malheurs qu'entraînerait la guerre ». Cette lettre resta sans réponse.

Les Coréens continuèrent à se réunir sur tous les points de Kang-Hoa ; trois cents soldats s'enfermèrent dans la pagode de Trieun-Tong-Sa, à trois ou quatre lieues au sud de la ville.

L'amiral envoya une colonne pour les déloger; le soir la colonne revint sans avoir pu réussir, le combat lui avait coûté trente-deux soldats blessés.

Quelques jours plus tard, l'escadre reprenait la route de Chine. Cette expédition n'avait abouti qu'à aggraver la situation des néophytes et à précipiter la ruine de la mission.

Le P. Ridel quitta l'escadre à Shanghaï. Pendant dix ans, il devait attendre l'heure qu'il plairait à la Providence de lui indiquer pour rentrer dans la Corée.

« Neuf de nos confrères, écrivait-il à cette époque, ont remporté une palme glorieuse et sont maintenant couronnés dans le ciel. Que n'ai-je obtenu une semblable grâce ! Peu s'en est fallu, mais j'en étais encore indigne. »

IV

LE MASSACRE DE TIEN-TSIN

A la sanglante hécatombe de Séoul allait bientôt succéder le massacre de Tien-Tsin, où la haine des Chinois contre les catholiques et contre les Européens se donna libre carrière.

Vers la mi-mai 1870 des bruits alarmants commencèrent à circuler : des enfants avaient disparu, volés, disait-on, par des gens à la solde des missionnaires; les sœurs en avaient tué pour préparer avec leur cœur et leurs yeux des charmes et des remèdes européens !...

Le 4 juin, une bande de fanatiques, excitée par ces rumeurs malignement répandues parmi le peuple, voulut voir si véritablement on arrachait les yeux des enfants; elle se rendit au cimetière situé sur les bords du Pei-Ho, et déterra une douzaine de petits cercueils.

Ces petits squelettes depuis longtemps enterrés n'avaient plus que les os et quelques cheveux; on en conclut que les sœurs leur avaient enlevé les yeux.

A côté de ces cercueils se trouvait la tombe du capitaine Joly, recouverte d'une pierre portant son nom et d'une croix; elle fut brisée.

Les violations de sépultures sont toujours fort graves en Chine; à ce moment, étant donnés les bruits qui se propageaient, celle-ci était plus sérieuse encore ; cependant on ne put obtenir réparation, et les violateurs restèrent impunis.

Aussi, dans la quinzaine qui suivit, des attroupements se formèrent, des insultes partielles furent infligées aux Européens, et des bruits sinistres, des menaces de mort se firent entendre dans la ville.

Les chrétiens avertirent M. Chevrier, directeur de la mission, qui lui-même en informa M. Fontanier, consul de France.

La paix parfaite qui régnait depuis huit ans, le respect que la population avait toujours témoigné pour les missionnaires et les sœurs, sembla au consul un motif raisonnable de ne pas trop s'effrayer : qui eût jamais pu soupçonner ce qui allait arriver !

Le 20 juin, une troupe malveillante se rassembla sur le quai de la mission et du consulat; plusieurs individus lancèrent des pierres et des briques contre ces résidences; la nuit seule les dispersa.

Mais le lendemain 21, dès neuf heures du matin, on entendit résonner le gong, et des attroupements plus nombreux se formèrent; à la foule évidemment hostile se mêlaient des soldats, des gardes nationaux, des compagnies entières de pompiers.

Bientôt des projectiles de tout genre volent contre les fenêtres, un envahissement paraît inévitable. Arrivent en ce moment le préfet et le sous-préfet de Tien-Tsin, pour faire, disent-ils, une enquête dans le but de calmer la population.

Reçus poliment par M. Chevrier, conduits partout, ils examinent, ils interrogent les domestiques, avouent ne rien trouver de compromettant et prennent congé.

Ces deux mandarins devaient rassurer la populace, la faire écouler lentement...; au lieu de prononcer un mot, un seul mot qui eût évité le malheur, alors bien facile à prévoir, ils remontent dans leurs chaises et s'en vont à leurs tribunaux, abandonnant la mission et le consulat à la merci des furieux.

Pendant cette visite des autorités, M. Fontanier, en grand uniforme, était allé chez le gouverneur général, Tch'ouang-Heou, pour l'informer de ce qui se passait.

Ce haut mandarin lui dit qu'il ne pouvait rien et l'engagea fortement à ne pas quitter le tribunal, disant :

« Ici, je réponds de votre vie. »

M. Fontanier bondit d'indignation et répondit :

« Vous, mandarin chinois, vous agiriez peut-être ainsi; mais je vais vous faire voir qu'un représentant de la France ne craint pas la mort. »

Il sortit alors avec son chancelier, M. Simon; mais il ne tira point un coup de pistolet, comme les Chinois l'ont raconté plus tard. Tch'ouang-Heou joua le rôle de Pilate et laissa faire.

Près de son palais, en effet, se trouvait une caserne, le Yang-Ts'iang-Toui (soldats armés à l'européenne), qui dépendait de lui; ces soldats auraient pu voler au secours de la résidence sur un signe, Tch'ouang-Heou ne le fit pas.

M. Fontanier n'ignorait pas les dangers qu'il allait courir; près du gouverneur on n'eût pas osé le tuer, mais c'était un Français, il ne déserta pas son poste. Pour revenir au consulat il avait à suivre le chemin qui longe le canal impérial, chemin qui n'a guère plus de un mètre cinquante de largeur; il se fit place le revolver à la main et arriva sur le quai devant la porte de la mission.

En route on lui avait déjà jeté des pierres et des briques; lui et M. Simon avaient la figure ensanglantée, et leur marche était vacillante.

Le sous-préfet sortait alors de la mission et remontait dans sa chaise; M. Fontanier l'interpella en lui disant :

« Que faites-vous? Défendez-nous, parlez à cette foule, ne partez pas! »

L'autre répondit :

« *Ouo pou Kouan*, je m'en occupe pas. »

C'est alors que le consul exaspéré fit feu sur le mandarin, qui du reste ne fut pas atteint; la balle frappa un de ses gens au milieu du front. Il y eut une reculade dans la foule au coup de revolver.

M. Fontanier menaçant de son arme quiconque s'opposait à sa marche, M. Simon avec son sabre de cavalerie ouvrant la route, l'un et l'autre parvinrent à la porte du consulat.

Voici ce qui s'y était passé : quelques jours auparavant, M. Thomassin, chancelier de la légation de France à Pékin, était arrivé avec sa jeune femme et logeait au consulat; les barques qui devaient les conduire à la capitale avaient été louées et chargées; elles étaient amarrées au quai le matin du 21. M. Fontanier s'étant, comme nous l'avons dit, rendu chez le gouverneur, M. Thomassin se mit en travers de la porte du consulat un revolver à la main, et, par son attitude énergique, maintint la foule près d'une heure; sa jeune femme était à dix pas derrière lui, près d'une petite colline artificielle en rocailles, ne pouvant se décider à s'éloigner de son mari.

Telle était la position quand un enfant d'environ quinze ans jeta une brique qui atteignit M. Thomassin au visage; celui-ci, ne voulant pas faire usage de son arme contre le jeune agresseur, fit un pas en avant pour lui donner un soufflet, ce pas fut fatal; la porte, dégagée un instant, fut envahie par la foule, et les égorgeurs massacrèrent Mme Thomassin; son mari, accouru à son secours, tomba percé de coups sur le corps de sa femme.

Un quart d'heure avant, la porte de la mission, très solide, avait enfin cédé sous les coups réitérés des assiégeants. M. Chevrier et M. Ou Vincent, prêtre chinois, se retirèrent dans l'église et la fermèrent; les domestiques s'échappèrent par les murs du nord.

Les deux lazaristes se confessèrent mutuellement et se donnèrent la dernière absolution; puis, voyant que la barricade cédait, ils se réfugièrent au consulat, en passant par une fenêtre de la sacristie qui donnait sur le jardin.

M. Chevrier et M. Ou se trouvaient du côté nord-ouest de la petite montagne rocailleuse, pendant que Mme Thomassin se tenait vers le versant du sud-est; ils furent massacrés en même temps. Quelques minutes après, M. Fontanier et M. Simon succombaient entre la porte d'entrée et le monticule en rocailles.

Toutes les victimes furent donc immolées dans l'intérieur même du consulat; M. Fontanier reçut un coup de sabre à deux mains qui lui fendit le visage, et de plus un coup de lance et un coup de stylet dans le flanc gauche; M. Simon fut écharpé en se défendant; M. et Mme Thomassin furent tailladés à coups de sabre, les deux missionnaires eurent le ventre ouvert; puis les cadavres furent jetés à la rivière, qui, en cet endroit, a plus de dix-sept mètres de profondeur.

Le feu, mis à l'église et au consulat, dévora tout en quelques heures; cependant la croix dominait encore la tour, car l'escalier en bois qui conduisait au sommet brûla en entier avant que personne pût monter pour arracher cette belle croix dorée.

Tout fut pillé par la populace; les égorgeurs, évidemment salariés, ne restèrent pas un instant après avoir terminé leur œuvre et partirent aussitôt pour aller chez les sœurs de Charité; il était alors deux heures de l'après-midi.

Tout avait été certainement calculé d'avance; en effet, pour aller de la mission à la maison des sœurs, il fallait traverser le canal impérial sur un pont de bateaux situé devant le palais du gouverneur.

Le pont une fois ouvert, personne ne pouvait passer; mais on le tint fermé, et un mandarin à cheval, Tcheng-Kouo-Joui, resta sur le pont pour en empêcher l'ouverture, jusqu'à ce que les égorgeurs eussent tous passé.

Ils n'étaient que deux cents au plus, et avaient eu soin de se barbouiller la figure avec de la suie et de la chaux, pour empêcher qu'on ne les reconnût. Moins d'une demi-heure après les massacres du consulat ils arrivaient ivres de sang et de vin chez les pauvres sœurs.

Sans nouvelles de la mission, les Filles de la Charité avaient vu de loin les flammes de l'incendie et avaient entendu autour de leur établissement toutes les boutiques se fermer subitement sur un ordre venu on ne sait d'où.

Il ne leur restait plus guère d'espoir que dans le bon Dieu; aussi s'étaient-elles toutes réfugiées à la chapelle. Là, avec leurs orphelins et orphelines elles attendaient les événements, après s'être communiées elles-mêmes pour ne pas laisser profaner le saint sacrement.

La porte de l'établissement fut vite enfoncée; les sœurs, en partie du moins, étaient sorties de la chapelle; la supérieure, sœur Marquet, prononça ces quelques paroles :

« Que voulez-vous de nous? nous ne faisons que du bien, ne faites pas de mal à nos enfants. »

Elle n'avait pas achevé qu'un coup de sabre lui fendait la tête; six sœurs, qui l'entouraient, furent percées de coups de lances et tailladées à coups de sabre; la septième, sortie par la sacristie, fut massacrée un instant après sous une véranda; quant aux deux autres, chargées des tout petits enfants, elles avaient voulu les sauver en les cachant sous la chapelle, où une vaste cave avait été aménagée; elles furent égorgées et brûlées.

Pas une ne fut jetée dans le fleuve, mais leurs corps disparurent, coupés en morceaux ou réduits en cendres; les Chinois en emportèrent même des lambeaux au bout de leurs sabres et de leurs lances.

La rage des égorgeurs était telle qu'en un instant ils n'eurent plus devant eux que des cadavres. On n'en voulait qu'aux sœurs et non aux enfants, qui furent conduits chez le sous-préfet, avec de bonnes chrétiennes qui aidaient les Filles de la Charité dans leurs travaux.

Cependant quelques-uns périrent sous la chapelle, étouffés par la fumée de l'incendie; comme il y avait peu à piller, le feu fut mis presque de suite à tous les bâtiments.

Un commerçant, M. de Chalmaison, vivait avec sa femme assez loin de l'établissement des sœurs, mais plus loin encore des concessions européennes. Ce brave Français avait voulu courir au secours de l'orphelinat, et c'est dans le trajet qu'il fut massacré; sa femme, qui s'était échappée, fut trouvée vers le soir sous le petit pont d'un égout à jour, où on la tua.

Enfin deux Russes, MM. Protopopoff et Bazoff, furent massacrés dans leurs chaises à porteurs avec Mme Protopopoff, qui n'avait que seize ans. Les Chinois firent des excuses pour ces trois victimes, en disant « qu'on les avait pris pour des Français ».

Dès le lendemain des massacres, le 22 juin, la nouvelle en était donnée à Pékin, où elle plongea tout le monde dans un profond étonnement et dans une grande douleur.

On ne voulait pas y croire d'abord, mais les détails arrivèrent bientôt, il n'y eut plus moyen de douter. Des attroupements se formèrent quelques jours après, le 25 juin, devant la cathédrale de Pétang; le provicaire, M. Thierry, écrivit alors au chargé d'affaires de France, M. le comte de Rochechouart, qui interrogea le prince Kong.

Celui-ci, par dépêche officielle, affirma qu'il répondait de tout et que les sœurs pouvaient continuer à vivre en paix. Il ne faut pas oublier qu'alors le télégraphe n'était construit que jusqu'à Kiachta, et une dépêche n'arrivait de Paris à Pékin qu'après seize jours.

C'est la malle anglaise, partie le 1ᵉʳ juillet, qui apporta en Europe les premières nouvelles écrites; mais un télégramme expédié de Pékin le 22 juin aurait dû être reçu en France vers le 10 juillet.

Le jour des massacres, un seul navire se trouvait en rivière; il précipita son retour à Shanghaï, et bientôt quelques canonnières arrivèrent.

Le 12 juillet, le chargé d'affaires de France se décida à se rendre à Tien-Tsin avec deux missionnaires, sur une barque escortée par un piquet de soldats qui suivait la berge du Pei-Ho.

On arriva le 15 vers midi, et le comte de Rochechouart se rendit tout d'abord chez le gouverneur de la ville, avant d'aller sur les concessions; ce gouverneur était toujours Tch'ouang-Heou, qui ne fut remplacé que plus tard par le fameux Tseng-Kouo-Fan.

Le 18 au matin, le représentant de la France pria les missionnaires d'aller visiter les ruines et de lui faire un rapport. Ils partirent avec le nouveau préfet, nommé Ma, et les autorités de Tien-Tsin.

Sur la route ils furent plusieurs fois arrêtés par des groupes de notables et des mandarins de 1ᵉʳ, 2ᵉ et 3ᵉ rang, qui les supplièrent de ne pas laisser brûler la ville par les canonnières.

Dans l'établissement des sœurs, le plus rapproché de la concession, tout avait été saccagé et brûlé; on voyait des pans de murs noircis par le feu, des lambeaux de vêtements, des souliers d'enfants, des débris de statues pieuses et aussi quelques plaques roussâtres semblables à de la rouille, qui paraissaient être du sang. C'était navrant.

Les missionnaires montèrent ensuite sur une barque pour aller visiter le consulat et la mission, car une foule immense remplissait les rues et rendait le passage impossible.

Au Houang-Haé-Leou, les ruines étaient sinistres, mais l'effet moins saisissant; il y avait eu, ce semble, moins d'acharnement sur cet établissement que sur celui des sœurs.

L'église restait encore debout, la toiture et les colonnes manquaient seules; le feu avait fait de longues lézardes dans les murs, mais la façade était intacte. Plusieurs menus objets, entre autres le sceau du consulat, furent plus tard retrouvés.

Revenus en barque jusque sur les concessions, les missionnaires écrivirent un rapport détaillé, que M. de Rochechouart expédia en Europe. Le lendemain ils durent s'occuper au plus vite des orphelins, toujours en prison chez le sous-préfet.

Les Chinois offrirent un bâtiment qui jadis avait servi de douane; on l'accepta à titre de prêt, et le surlendemain, 20 juillet, les enfants revinrent dans deux bateaux.

Les sœurs donnaient leurs soins à cent vingt enfants, quatre-vingts seulement furent rendus; mais peu à peu on retrouva les autres, à part une douzaine des plus petits, étouffés dans l'incendie.

On avait volé garçons et filles autant qu'on avait pu, plusieurs ne furent rendus que quatre ou cinq mois après. Tout ce petit monde fut installé tant bien que mal sous la surveillance de quelques bonnes femmes chrétiennes dans le logement concédé.

Les autorités donnèrent des soldats pour garder les enfants et ne laisser entrer personne; les missionnaires y ajoutèrent deux chiens mongols pour garder les soldats. Les uns habitaient au dehors de la porte, les autres dedans; c'était prudent.

Les autorités chinoises, voyant arriver les canonnières, craignaient un bombardement. En effet, il y avait à quai deux canonnières anglaises, le *Dwarf* et l'*Avon;* cinq canonnières françaises, *la Flamme, la Couleuvre, l'Aspic, le Scorpion, le Frelon;* enfin une canonnière américaine, l'*Ashulat.*

MM. Vivielle, de la Jaille, de Salandrouze étaient là; ils sont tous amiraux aujourd'hui. Le *Linois,* grand aviso, ne pouvant remonter la rivière, avait jeté l'ancre sur la barre de Takou, et son vaillant capitaine, M. Levoile, amena à Tien-Tsin ses meilleurs hommes et une pièce de débarquement.

Tous désiraient l'action, mais la diplomatie travaillait à tout terminer pacifiquement.

M. le comte de Rochechouart demandait une réparation pécuniaire considérable; sur ce point, peu de difficultés. Mais il voulait de plus les têtes du préfet et du sous-préfet, qu'on refusa énergiquement.

Un ultimatum fut envoyé et resta sans effet; on dut se contenter de voir condamner les deux mandarins à l'exil, exil du reste assez bénin et d'où, plus tard, ils revinrent pour être réintégrés dans leur grade.

Plusieurs des coupables furent simplement mis à la cangue, et une vingtaine de gens sans aveu, déjà, dit-on, condamnés à être décapités en octobre, consentirent, moyennant un beau cercueil, un bon dîner et cinq cents taëls pour leurs familles, à être exécutés tout de suite.

Tout cela réglé, M. le comte de Rochechouart avisa les missionnaires qu'on allait procéder à l'enterrement des victimes. En effet, le 2 août au matin, les cercueils, déposés au cimetière anglais le lendemain du massacre, furent déterrés.

Pour repêcher les corps jetés à la rivière, on avait, dès le 22 juin, tendu un grand filet au sud des concessions européennes, près d'un navire de Hambourg, l'*Altona;* quelques jours après, les corps y avaient été retrouvés :

M. Fontanier, reconnu seulement à ses chaussettes marquées H. F.; M. Simon un peu moins défiguré; M. et Mme Thomassin et les missionnaires presque coupés en deux.

De nouveaux cercueils avaient été préparés : on y déposa les premiers sans les ouvrir; puis, recouverts de draperies noires et blanches, ils furent chargés sur des chalands remorqués par deux canonnières.

On arriva au Houang-Haé-Leou. Les autorités chinoises, Tch'ouang-Heou en tête, s'y trouvaient déjà; le chargé d'affaires de France fit un discours, l'amiral français un autre; le provicaire dit ensuite quelques mots et bénit les fosses, où chaque cercueil fut descendu.

A droite, côté du sud, plus proche de la rivière, M. Fontanier seul, M. et Mme Thomassin, M. et Mme de Chalmaison, enfin M. Simon seul.

A gauche, du côté du nord, M. Chevrier et M. Ou, deux sœurs, puis encore deux sœurs et enfin une tombe de sœurs.

On avait pu reconstituer les corps de quatre sœurs en prenant une tête et des membres épars; le dernier cercueil ne contient que des débris humains, c'est tout ce qui restait des dix Filles de la Charité massacrées.

Voici leurs noms : 1° Marie-Thérèse Marquet, Belge, supérieure; 2° Marie-Pauline Viollet, Française; 3° Marie-Clorinde Andréoni, Italienne; 4° Marie-Joseph Adam, Belge; 5° Marie-Anne Pavillon, Française; 6° Amélie-Caroline Legras, Française; 7° Marie-Séraphine Clavelin; 8° Marie-Anne-Noémi

Vue de Pékin. (D'après une photographie.)

Tillet, Française; 9° Marie-Angélique Lenu, Française; 10° Alice O'Sullivan, Irlandaise.

Après cette cérémonie, on revint aux concessions, et, le 4 août, M. de Rochechouart fit appeler un missionnaire sur la *Flamme*, où il se trouvait, et lui dit :

« La guerre est déclarée entre la France et la Prusse. »

Le télégramme adressé à M. Leviston, parti de Londres le 19 juillet, était arrivé à Tien-Tsin en seize jours, le 4 août au matin. Comme on le voit, tout était absolument terminé avant qu'on eût connaissance de la déclaration de guerre. Le chargé d'affaires de France repartit alors pour Pékin.

Les nouvelles d'Europe étaient de plus en plus mauvaises; les missionnaires passèrent de tristes jours avec les excellents commandants, désolés de se voir si loin quand l'ennemi foulait le sol de la France.

Mgr Delaplace, nommé vicaire apostolique de Pékin, arriva le 30 octobre; par une lettre digne, du 3 janvier 1871, il refusa toute indemnité pour les victimes, et accepta seulement la somme offerte pour reconstruire l'église et les établissements.

Peut-être désirerait-on connaître les causes de ces horribles massacres. On a invoqué l'imprudence des sœurs; or, depuis huit ans elles étaient vénérées et respectées par tout le peuple, allaient dans les rues de la ville, souvent assez loin, avec leurs voitures, sans que jamais une insulte leur eût été faite.

On a dit : Pourquoi achetait-on des enfants? On n'achète pas les enfants; et quand ils sont apportés aux orphelinats, on exige un billet de la personne qui les a trouvés.

On arrachait les yeux des enfants! Ce conte que des gens malintentionnés font courir parmi le peuple, on a tenté de l'appuyer en apportant à Tch'ouang-Heou deux flacons remplis d'yeux d'enfants trouvés chez les sœurs. C'étaient... deux bouteilles de petits oignons en conserve!

Le coup avait été préparé, calculé; les exécuteurs, grisés et payés. Les mandarins le savaient et auraient pu l'empêcher. Les seuls Français étaient condamnés; le drapeau de la France a été jeté à la rivière, le consul de France massacré. La nouvelle de ces méfaits n'est arrivée à Paris, a-t-on dit, que le 20 juillet, la dépêche ayant été retardée pour une cause inconnue; et ce jour-là éclataient en Europe les événements qui devaient mettre notre pays à deux doigts de sa perte. On oublia la Chine et les Chinois.

Mgr Delaplace donna l'ordre de reconstruire l'église et les établissements sur la concession française. L'ancienne chapelle des sœurs fut provisoirement réparée; et à l'endroit où chacune d'elles est tombée, s'élève une colonne de marbre qui porte le nom de la victime.

Les nouvelles constructions s'élevèrent rapidement, et l'église Saint-Louis fut terminée en un an. Sa façade est décorée de huit colonnes monolithes en granit, mesurant sept mètres; le travail en est fini et soigné. L'ancienne cloche, tombée de la tour en flammes et réparée, sert encore à appeler les fidèles aux offices.

V

LES MISSIONS DE L'INDO-CHINE ORIENTALE ET LES PREMIÈRES EXPÉDITIONS FRANÇAISES

Les traités garantissaient aux missionnaires du Tonkin la faveur si longtemps désirée de prêcher, d'élever des églises, d'installer des orphelinats, des hôpitaux, des écoles, en un mot d'établir toutes les œuvres de zèle, de charité, d'éducation qui sont l'honneur du catholicisme; mais, en Extrême-Orient, il y a loin d'une promesse à sa réalisation, d'un contrat à son accomplissement.

En 1867, la situation devint précaire encore, et l'on put redouter le renouvellement de la persécution.

Voici à la suite de quels faits le gouverneur de la Cochinchine, l'amiral de la Grandière, pour en finir avec les intrigues et les complots de la cour de Hué, dans la colonie de Saïgon, s'était emparé des trois provinces de Vinh-Long, Chau-Doc et Ha-Tien.

Le roi, et surtout les lettrés, avaient ressenti cette perte. Au lieu de s'en prendre à eux et à leur mauvaise foi, qui avait forcé les Français à assurer, par un acte de vigueur, la tranquillité de la colonie, ils cherchaient à se venger de leurs défaites sur les chrétiens, qui n'y étaient pour rien.

Une ordonnance très sévère fut envoyée partout, et prescrivit aux missionnaires de montrer leurs passeports chaque fois qu'ils se déplaceraient, au lieu de les présenter une fois pour toutes à leur entrée en Annam, comme le portait le traité de 1862.

C'était leur rendre à peu près impossible l'administration des paroisses, et cette ordonnance devint, pour les chrétiens, un sujet continuel de tracasseries et de vexations.

A chaque instant ils étaient emprisonnés, et même frappés, pour les punir d'avoir reçu des missionnaires dans leurs villages.

En vain, Mgr Theurel, successeur de Mgr Jeantet, essaya de s'aboucher avec les grands mandarins de la province pour obtenir de meilleures conditions; ceux-ci se dérobèrent et refusèrent de le recevoir.

« A l'heure qu'il est, écrivait l'évêque du Tonkin occidental, le 18 février 1868, nous avons environ quatre mille chrétiens sans feu ni lieu, plus misérables que les mendiants, puisque au lieu de les assister les païens les chassent de partout; en plusieurs endroits ils se sont déjà partagé leurs champs.

« Les mandarins restent dans la plus complète inaction. Le cri des lettrés est :

« — Mort aux Européens, mort aux chrétiens leurs alliés ! »

« Quand ils rasent un village, ils insultent au désespoir de ces malheureux :

« — Où sont, leur disent-ils, les Français vos protecteurs ? Pourquoi ne viennent-ils pas à votre secours ? »

« Ils ressemblent à un méchant gamin qui battrait un enfant en l'absence de son père. »

Les Français n'étaient cependant pas entièrement inactifs, et l'amiral Ohier, gouverneur de Saïgon, écrivit à la cour de Hué pour qu'elle mît un terme aux malheurs qui frappaient la mission du Tonkin.

On lui fit des promesses qu'on se garda bien de tenir; aussi les lettrés et leurs bandes vinrent-ils à Nam-Dinh même menacer d'incendier l'église de cette ville. Les chrétiens résistèrent, et, après un semblant d'escarmouche, les assaillants se retirèrent sans autre dommage.

Alors enfin la cour de Hué s'émut et rendit un simulacre de justice, condamnant à mort les chefs de l'entreprise, mais condamnant aussi à la bastonnade le prêtre annamite qui avait dirigé la résistance; ni l'une ni l'autre de ces sentences ne fut exécutée, mais, dans l'opinion publique, elle n'en était pas moins un échec moral pour les chrétiens et une atteinte au prestige de la France.

D'ailleurs, la cour de Hué se gênait fort peu avec les évêques, témoin le factum qu'on leur envoya, et qui prétendait régenter leur action ou plutôt l'entraver et la neutraliser s'il était possible. Travestissant tous les faits, les ministres disaient :

« Toutes vos suppliques, nous les avons présentées au roi. Sa Majesté a ordonné de communiquer ces pièces aux mandarins des provinces en question, qui devront examiner avec la plus sévère justice, avec convenance et droiture, tous les points en litige, pour en référer promptement au roi, qui jugera en dernier ressort.

« Jusqu'ici notre royaume a été inquiété par les rebelles, les uns descendus des montagnes, les autres venant de la mer. Nous avons dû établir partout des milices pour maintenir la tranquillité.

« Si, par suite de cette mesure, on a eu à déplorer quelque fait répréhensible, le gouvernement s'est toujours employé à punir les coupables, selon la gravité du délit, et cela, sans acception de personne.

« Pourquoi donc les chrétiens ne comprennent-ils pas la loyauté de nos intentions? D'où viennent ces soupçons qui engendrent des propos malveillants? Comprenez donc que païens et chrétiens sont tous également les enfants du roi, qui ne saurait les voir s'exterminer sans être touché de compassion. De quelque côté que vienne le délit, on doit également le punir selon la gravité. C'est clair.

« Depuis la paix, voyez les trois affaires qui ont eu lieu au Nghê-An, à Nam-Dinh et à Quang-Nam. N'ont-elles pas été réglées selon toute justice, de manière à servir d'exemple à tout le monde? Et maintenant on vient nous dire que le ministère a envoyé des ordres secrets pour faire brûler et égorger les chrétiens. Peut-on pousser plus loin l'impertinence? De pareilles pensées ne devraient jamais surgir dans le cœur, à plus forte raison être produites au dehors.

« Réfléchissez donc, et désormais suivez les règlements du

royaume ; enseignez à tous vos chrétiens à s'occuper paisiblement de leurs travaux, se gardant bien de proférer des propos orgueilleux, et de se prévaloir de certaines protections qui ne peuvent leur attirer qu'antipathies et vengeances.

« Dorénavant, vous tous, évêques et prêtres, vous ne pourrez passer d'une localité à une autre sans être munis d'une autorisation écrite du mandarin du lieu ; vous ne devrez pas mener avec vous un nombreux personnel ; vous n'aurez ni palanquins, ni parasols, ni chevaux, ni barques, ni bagages en trop grande quantité ; des armes, il vous est absolument défendu d'en porter avec vous ; partout où vous passerez, gardez-vous de manières prétentieuses, propres à indisposer les esprits contre vous.

« Dans vos cérémonies religieuses, il vous est défendu de réunir une nombreuse assistance ; n'y employez pas trop de pompe. L'entrée de vos demeures doit être facilement accessible à tous. En un mot, soyez en tout humbles, soumis, afin que personne ne doute de la droiture de vos intentions. Ne témoignez de mépris pour personne ; de cette manière finiront toutes les discussions, et la paix régnera partout.

« Si par hasard quelque différend venait à surgir, vous devriez faire votre rapport au mandarin local, présenter vos réclamations deux ou trois fois ; après quoi, si le mandarin refuse d'y faire droit, alors seulement vous pourrez en référer au ministre.

« Gardez-vous surtout d'écouter les faux rapports de vos chrétiens, pour venir plaider des causes qui ne vous regardent pas, ce qui ouvre la voie aux haines et aux vengeances.

« Que l'évêque obéisse, car tels sont nos ordres. »

Ce chef-d'œuvre de mauvaise foi se passe de commentaires, mais il montre à quels hommes on avait affaire ; il pourrait également servir aux diplomates français, désireux de savoir comment la duplicité orientale se joue de leur habileté franche et généreuse.

Heureusement, pour répondre à leur conduite astucieuse, l'évêque du Tonkin occidental, Mgr Puginier, eut toujours à son service une grande prudence doublée de sang-froid et de ténacité, témoin le fait suivant qui arriva en 1868.

Il s'agissait alors de savoir si, oui ou non, l'article du traité de 1862 qui concernait les passeports allait être exécuté, et si les missionnaires devaient, contrairement à la teneur de cet article, présenter leur passeport chaque fois qu'ils feraient un voyage.

Afin de régler cette question, Mgr Puginier demanda une audience au gouverneur de Hanoï. La réponse se fit attendre pendant des semaines; elle vint enfin, fixant le jour et l'heure.

L'évêque se présenta, mais on ferma devant lui la porte de la citadelle. L'affront était sanglant, d'autant plus que c'était la première fois depuis deux siècles qu'un évêque osait paraître dans la capitale du Tonkin.

Mgr Puginier était en grande tenue, soutane violette, camail, rochet brodé; il se planta stoïquement devant la porte, sous les regards stupéfaits des curieux accourus en foule.

Son attente dura trois heures. Par un de ces hasards que les Annamites excellent à faire naître, un général passa, suivi d'un état-major de contrebande. Il voulut bien s'étonner de voir ce missionnaire français arrêté devant la citadelle, et essaya de savoir le motif de sa présence.

L'évêque le lui dit, ajoutant qu'il resterait là jusqu'à ce que le gouverneur le reçût. Le général se confondit en excuses, offrit gracieusement ses services, fit ouvrir la porte de la demi-lune, conduisit l'évêque dans la maison des étrangers, et alla prévenir le grand mandarin.

Deux heures s'écoulèrent, personne ne paraissait, l'évêque attendait toujours, ne donnant nul signe d'impatience; il était évident qu'il ne partirait pas.

Le gouverneur capitula à moitié; il ordonna d'ouvrir la porte de la citadelle, mais prétexta un violent mal de tête qui, à son grand regret, lui interdisait les réceptions, et l'obligeait à se faire remplacer par le mandarin des tributs.

L'évêque avait à qui parler, il parla avec une grande tranquillité, et très longuement. Il avait attendu cinq heures, l'entretien dura cinq heures; c'était la peine du talion doucement appliquée.

Telle fut la première entrevue de Mgr Puginier avec les mandarins de Hanoï. Elle ne fut pas inutile. Les Annamites, qui saisissent très vite le caractère des hommes, comprirent qu'il fallait compter avec celui-là. Il y eut une sorte de détente dans la persécution qui désolait les chrétiens.

Ce ne fut pas de longue durée, et les événements politiques qui vont se multiplier rendront plus difficile la situation religieuse.

Ces événements politiques ont trait à la présence de la France au Tonkin.

Le premier navire de guerre français qui parut devant Hanoï fut le *Bourayne,* commandant Senez (1872); il avait été envoyé à la demande de la cour de Hué elle-même pour débarrasser les côtes du Tonkin des pirates chinois; mais après deux voyages successifs, paralysés par le mauvais vouloir des mandarins, qui préféraient encore s'entendre avec les pirates plutôt que de subir la présence des Français, le commandant Senez partit sans avoir rien fait.

Un commerçant français, M. Dupuis, vint ensuite. Depuis longtemps fixé en Chine, M. Dupuis était en relations avec les mandarins du Yun-Nan qu'il nantissait d'armes, et rêvait de résoudre, au profit du commerce, le problème géographique de la possibilité de se rendre dans cette province par le fleuve Rouge.

Assuré de l'approbation tacite de la France, il tenta heureusement l'aventure, et fit un premier voyage au Yun-Nan, ouvrant ainsi aux transactions commerciales la voie depuis longtemps cherchée.

Encouragé par ce premier résultat, il équipa plusieurs navires à vapeur et, le 2 décembre 1872, arriva devant Hanoï avec sa flottille. Grand fut l'émoi des mandarins, qui refusèrent de laisser passer le négociant français.

Celui-ci n'avait jamais rencontré Mgr Puginier, mais il n'ignorait pas qu'il pouvait compter sur son aide.

« Je sais, dit-il aux mandarins, qu'il y a un évêque français dans la province; je vais aller le trouver, et à mon retour je verrai ce que vous aurez décidé.

— Gardez-vous-en bien, répondirent les mandarins; la vue d'un bateau effraierait les populations simples et timides de ce pays. D'ailleurs, il vous faudrait plusieurs jours pour arriver au lieu où réside l'évêque, et votre bâtiment s'ensablerait en route. Nous allons envoyer un courrier à l'évêque pour le prier de venir vous trouver. Après-demain il sera ici. »

En effet, les grands mandarins écrivirent à Mgr Puginier une lettre courtoise et pressante, la cachetèrent du grand sceau à l'encre rouge, et députèrent un de leurs principaux officiers pour l'inviter à se rendre à Hanoï.

Ce n'était plus l'époque où l'évêque méprisé attendait humblement devant la porte de la citadelle, qui refusait de s'ouvrir devant lui.

Cette fois toutes les démonstrations du respect le plus obséquieux lui furent prodiguées sous formes de compliments, d'envoi de palanquin royal, de haie de soldats formée sur son passage, d'empressement des princes et des officiers à se précipiter à sa rencontre.

Le prélat acceptait tous ces honneurs pour les reporter sur Jésus-Christ qu'il représentait, sachant qu'en Orient plus qu'ailleurs, le prestige donné au serviteur remonte jusqu'au maître.

Vainement les conférences se multiplièrent-elles, et Mgr Puginier s'efforça-t-il de faire comprendre aux mandarins combien leurs intérêts se trouvaient liés à ceux du commerce français; ils ne voulaient qu'une chose, l'expulsion de M. Dupuis; et, voyant l'entremise de l'évêque impuissante à obtenir ce résultat, ils eurent recours au gouverneur de Saïgon, l'amiral Dupré, espérant être débarrassés par lui de ce fâcheux.

Désireux depuis longtemps de s'immiscer dans les affaires du Tonkin, l'amiral se hâta d'accepter le rôle de médiateur qui lui était offert.

Sous le voile d'une enquête à faire à propos de M. Dupuis, mais en lui donnant des instructions qui ne s'arrêtaient pas là, il envoya à Hanoï le lieutenant de vaisseau Garnier, homme de vues larges, d'aventureuse intrépidité, bien connu dans l'Extrême-Orient par la grande part qu'il avait prise à l'exploration du Mékong.

Mais avant que Garnier fût rendu au poste qui lui était assigné, les choses s'étaient compliquées au Tonkin. De nouvelles difficultés s'étaient élevées entre M. Dupuis et le grand maréchal annamite, Nguyen-Tri-Phuong, un ennemi acharné des Français.

M. Dupuis, toujours retenu à Hanoï, avait voulu expédier un chargement de sel au Yun-Nan; le grand maréchal s'y était opposé. Les mandarins s'adressèrent alors à Mgr Puginier et le prièrent de venir à la capitale; l'évêque se rendit à leurs instances. Mais il ne reçut pas l'accueil pompeux de l'année précédente : le grand maréchal Nguyen-Tri-Phuong avait pris les affaires en main, et, se drapant dans sa morgue orientale, il se borna à envoyer son secrétaire à la rencontre de Mgr Puginier, se flattant de lui faire les premières ouvertures.

Ruse pour ruse : à toutes les insinuations, l'évêque répondit que, sachant combien précieux étaient les instants du maréchal, il n'osait en abuser en demandant à le voir, et Nguyen-Tri-Phuong dut se résoudre à faire exprimer au prélat son désir de conférer avec lui.

L'évêque se rendit aussitôt à l'invitation, et l'entrevue commença sur un ton de politesse qui dissimulait mal l'arrière-pensée du maréchal.

Cependant après le début insignifiant, mais obligé de toute conversation annamite, on en vint enfin à la question sérieuse.

« Monseigneur, lui dit le maréchal, vous êtes le grand chef de la religion, vos livres défendent non seulement de faire le mal, mais même d'y penser. Or, voilà M. Dupuis qui met le trouble dans le pays. Il veut remonter à Lao-Kay avec un énorme chargement de sel. Les lois du royaume le défendent. Donc il fait le mal. Je suis heureux de vous rencontrer pour vous charger de lui faire des remontrances, et au besoin lui défendre de faire le mal.

— Maréchal, répondit l'évêque, je suis le chef de la religion; je fais tout mon possible pour porter les hommes au bien; s'ils m'écoutent, Dieu les en récompensera; mais s'ils ne m'écoutent pas, je ne puis les contraindre.

« Pour ce qui est de M. Dupuis, je vous ferai observer que ce que vous demandez touche au commerce et non à la religion. M. Dupuis se croit dans son droit, la religion n'a rien à voir dans cette affaire. »

Le maréchal insista, et, l'entretien s'échauffant peu à peu, il en vint à dire au prélat :

« Je vous préviens que si vous n'arrangez pas cette affaire à ma satisfaction, je vous retiens prisonnier. »

L'évêque ne jugea pas de sa dignité de relever alors la menace, et l'on se sépara en bons termes.

Une rue de Hanoï, près des fossés de la citadelle.

Mais, de retour chez lui, M⁰ʳ Puginier se hâta d'écrire au maréchal pour protester contre les habiletés dans lesquelles on avait cherché à le surprendre :

« Grand mandarin, vous m'avez dit, dans l'entrevue de ce matin, plusieurs choses que je n'ai pas voulu relever devant le public, mais contre lesquelles je tiens à protester :

« 1° Vous m'avez dit que j'avais demandé l'entrevue. Vous savez bien que c'est le contraire, et que je suis allé vous voir sur votre demande uniquement.

« 2° Si l'affaire avec M. Dupuis ne s'arrange pas, vous me retiendrez prisonnier. Eh bien, je vous préviens que je pars demain, vers midi, que l'affaire soit réglée oui ou non; si vous voulez me faire arrêter, vous pouvez envoyer vos soldats. »

Le lendemain, comme il l'avait dit, l'évêque repartit pour Ké-So, et personne n'osa mettre obstacle à son départ.

Quelques jours après, M⁰ʳ Puginier fut rappelé à Hanoï par les mandarins, auxquels sa présence semblait absolument indispensable.

A cette occasion il eut avec le grand maréchal une seconde entrevue, qui ne dura qu'un quart d'heure. L'évêque refusa même de s'asseoir, pour « ménager, dit-il, les moments si précieux de Son Excellence », mais en réalité, parce qu'on lui avait encore tendu un piège, en lui offrant une place inférieure à celle à laquelle son rang lui donnait droit dans un pays hiérarchisé comme l'Annam; ces puérilités d'étiquettes, qui ailleurs feraient à bon droit sourire, ont là-bas une grande importance.

Nos compatriotes ne devraient pas l'oublier; et si jamais ils poussent la curiosité jusqu'à visiter, en l'étudiant, une colonie britannique, ils verront jusqu'où les Anglais, nos maîtres en colonisation, observent ces moindres détails, qui les maintiennent si haut dans l'estime de leurs administrés.

A la fin de cette courte entrevue, le maréchal dit à l'évêque :

« Monseigneur, vous avez rendu de grands services au royaume d'Annam. Je voudrais pouvoir vous en remercier convenablement, mais je n'ai qu'une médaille d'or que m'a remise le roi : je suis heureux de vous l'offrir, et je vous prie de l'accepter.

— « Grand commissaire royal, je n'ai rien fait pour mériter une pareille distinction, je ne puis accepter. »

Le maréchal insista, et l'évêque, pour ne pas le blesser, accepta la médaille et lui promit de la conserver.

La situation allait encore se compliquer.

Le 5 novembre 1873, à trois heures du soir, l'envoyé de l'amiral Dupré, le lieutenant de vaisseau Garnier, avec cent vingt hommes de troupes et deux petits navires à vapeur, défilait devant le modeste rivage qui borde la ville de Hanoï.

En approchant, Garnier fit chauffer son canot à vapeur, quitta la jonque pour le monter et prit les devants.

Quand il arriva dans la capitale du Tonkin, il trouva pavoisés et tirant le canon pour le saluer trois vapeurs européens : c'étaient les navires de M. Dupuis.

Sur le rivage, qui regorgeait d'une foule curieuse, étaient, en grande tenue, bannières déployées, formant la haie et présentant les armes, deux cents soldats chinois armés de chassepots : c'étaient les gardes de M. Dupuis.

Mais de grands mandarins point. Ni le maréchal Nguyen-Tri-Phuong, ni le gouverneur de Hanoï, ni le général de la province, quoique prévenus de l'arrivée, ne s'étaient dérangés.

Une nouvelle marque d'insolence fut donnée dans la question du logement. Les hauts fonctionnaires de la citadelle envoyèrent à Francis Garnier un subalterne lui indiquer l'habitation préparée pour lui : des bâtiments petits et malpropres, une auberge.

Garnier se rendit droit à la citadelle exprimer son mécontentement au grand maréchal, et finit par obtenir une demeure convenable.

En même, l'amiral Dupré s'appuyait sur les missionnaires, et adressait la lettre suivante à Mgr Sohier, le vicaire apostolique de Hué :

Saïgon, le 6 octobre 1873.

« Monseigneur,

« Le gouvernement annamite est menacé de perdre très prochainement le Tonkin. Il serait atteint dans son existence même, si cette riche et populeuse province lui échappait. Une poignée d'aventuriers l'y tient en échec, les pirates ravagent les côtes, enlèvent les navires sous les yeux du roi, les bandits pillent les campagnes. L'impuissance du gouvernement à rétablir l'ordre, à faire respecter les lois, est aujourd'hui manifeste. Il n'y pourra parvenir qu'avec notre assistance, qui nous imposera des charges sérieuses, si nous la lui accordons. Quelles compensations est-il disposé à nous offrir en échange? Quelles garanties pour nous assurer contre le retour de ses mauvaises dispositions passées ?

. . . .

« La situation du Tonkin a paru cependant assez grave à la cour de Hué elle-même, pour qu'elle m'ait demandé d'intervenir. Je me suis attaché à lui faire comprendre les avantages que son pays retirerait d'une alliance étroite et sincère avec la France, alliance dont le grand bénéfice serait pour elle, et la plupart des charges pour nous. Je suis patient et j'attends le résultat de mes efforts.

« M. Garnier a l'ordre d'inviter Dupuis à renoncer momentanément à son entreprise, pour la reprendre plus tard dans des conditions régulières, et de l'y contraindre en cas de refus; d'exiger, aussitôt le renvoi de celui-ci, que le fleuve Rouge soit ouvert aux barques annamites, françaises et chinoises, moyennant des droits modérés à la remonte et à la descente, de faire respecter les stipulations protectrices des chrétiens, et de se maintenir au Tonkin jusqu'à la conclusion du traité.

« Mes intentions sont loyales, mon but est d'initier le gouvernement et le peuple annamite à la civilisation chrétienne, de leur servir de guide et d'appui, de les aider à réformer leur administration et leurs finances, de leur refaire une armée et une flotte, enfin de rendre la sécurité au Tonkin, depuis si longtemps ravagé par la guerre civile, le brigandage et la piraterie.

« Je ne doute pas, Monseigneur, d'obtenir, dans la voie que je me propose de suivre, le sincère concours de Votre Grandeur et celui de tous vos vénérés collègues. Je n'ai pas le temps d'écrire aux différents chefs des missions pour les mettre au courant de la situation, mais je prie Votre Grandeur de vouloir bien se charger de ce soin.

« Veuillez agréer, monseigneur, l'assurance de mon respectueux et sincère dévouement.

« Le contre-amiral, gouverneur et commandant en chef,

« Dupré. »

L'inquiétude causée aux vicaires apostoliques par cette intervention française était grande; la situation de Mgr Puginier était difficile entre toutes, puisque l'action se déroulait sur son terrain, et qu'il se trouvait également mis en cause par le gouvernement annamite et par les autorités françaises.

Il fallait toute sa sûreté de coup d'œil, toute son adresse et toute sa fermeté pour ne pas échouer sur ce double écueil.

Dans les premiers jours de novembre, il reçut une lettre pressante de Garnier, l'invitant à se rendre à Hanoï pour s'entretenir avec lui. Il hésita quelques jours avant de répondre à l'invitation de l'envoyé français; mais les grands mandarins lui ayant écrit de leur côté pour le prier de venir les aider, il ne crut pas pouvoir se refuser plus longtemps aux instances des représentants des deux pays.

Mgr Puginier arriva donc à Hanoï le 12 novembre. A sa première entrevue avec Garnier, il lui fit cette déclaration très nette :

« Monsieur le commandant, je serai toujours heureux de vous rendre tous les services en mon pouvoir, en tout ce qui ne sera pas contre ma conscience; mais si je suis Français, je dois me souvenir aussi que je suis évêque au Tonkin. Veuillez donc ne rien me demander qui puisse faire tort au gouvernement annamite, car je ne pourrais m'y prêter, me devant à ma patrie d'adoption aussi bien qu'à ma patrie d'origine.

— Monseigneur, répondit Garnier, je comprends les nobles sentiments qui vous animent; jamais je ne me permettrai de vous faire la moindre proposition pouvant vous gêner sous ce rapport. »

Cependant Nguyen-Tri-Phuong refusait de traiter avec le mandataire de l'amiral Dupré, se bornant à lui répéter :

« Vous êtes au Tonkin pour expulser Dupuis, emmenez-le et partez avec lui. »

Francis Garnier n'en avait pas moins immédiatement commencé son enquête. Il s'était fait remettre par M. Dupuis le résumé de ses griefs et le relevé des indemnités réclamées (5 000 000 de francs).

Il avait aussi cherché à se renseigner auprès des négociants de Hanoï, dont les plus importants étaient Chinois ; ceux-ci ne demandaient pas mieux ; ils auraient même voulu souhaiter la bienvenue à l'envoyé de France.

Ils en furent empêchés par une défense formelle du sous-préfet, et presque aussitôt parut, affichée dans Hanoï, une proclamation du gouverneur généralisant l'interdiction.

Elle défendait à tout habitant, fût-il commerçant et même Chinois, de se rendre auprès de l'ambassadeur français ; elle disait que celui-ci n'avait aucune qualité pour être le confident de leurs plaintes ni le dépositaire de leurs secrets, qu'envoyé pour juger et chasser M. Dupuis, il n'avait pas à s'immiscer dans les affaires du pays ; et qu'enfin, si quelqu'un croyait avoir le droit de formuler des réclamations, c'était à lui gouverneur qu'elles devaient uniquement s'adresser.

Jeté, au moyen âge, sur un excommunié, un interdit n'aurait pas produit plus d'effet. La peur fit cesser toutes relations des habitants avec Francis Garnier, ainsi dénoncé à leurs méfiances.

L'humiliation était publique. L'officier français ne voulut ni rester sous le coup de cet affront, ni laisser altérer ainsi le caractère de sa mission, ni être privé des moyens de s'enquérir.

Le soir même il se rendit auprès du gouverneur, et l'invita à retirer, à détruire immédiatement cette indigne proclamation.

Elle ne fut point retirée.

Le commandant jugea l'honneur du nom français engagé ; il sentit que reculer après s'être ainsi avancé serait une honte qui détruirait à jamais notre prestige, et qu'une action prompte et énergique pouvait seule sauver son influence en vue de l'avenir ; sa position s'aggravait d'heure en heure, il fallait en sortir par un coup d'éclat, et il résolut, avec les cent quatre-vingts hommes dont il disposait, de s'emparer de la vaste citadelle de Hanoï.

Aux ouvertures que lui fit le chef de l'expédition, relativement à son dessein, Mgr Puginier montra quelque étonnement d'une décision si hardie. Il ne doutait pas, disait-il, du succès qu'obtiendrait la supériorité de nos armes sur le nombre vingt fois, trente fois plus grand des soldats annamites enfermés dans cette citadelle immense et des mieux fortifiée; mais il était, à son avis, d'une très grande importance de penser, en déclarant une guerre dans ce pays, aux moyens qu'on aurait dans la suite pour calmer l'effervescence des esprits, et y rétablir l'ordre nécessaire.

Heureusement que les sentiments dont les populations étaient animées à notre égard étaient bons, on a même dit qu'ils ne pouvaient être meilleurs. La proclamation, répandue dès les premiers jours, avait plu par la douceur qui s'y mêlait à l'énergie.

L'ultimatum fut lancé le 17 novembre.

M. Garnier reprochait vivement au maréchal ses agissements, les bruits semés par lui, les embûches tendues, et terminait en l'engageant pour la dernière fois à montrer d'autres dispositions.

« J'honore votre grand âge; je respecte vos vertus militaires, mais je déplore la haine aveugle qui vous anime contre les Français; puissiez-vous le reconnaître et revenir à vous; sinon, que la responsabilité de tous les faits qui surviendront plus tard retombe sur votre tête! »

Il ne fut rien répondu à cet ultimatum.

L'attaque était devenue inévitable. Du reste, les Annamites s'y attendaient, ils comprenaient qu'ils l'avaient assez provoquée, et depuis plusieurs jours ils se préparaient à la défense par de grands rassemblements de troupes et de hâtives fortifications aux alentours.

Le 20 novembre, à sept heures du matin, l'attaque commençait; après un combat de trente-cinq minutes, le drapeau français flottait sur la citadelle, dominant la vieille capitale du Tonkin, et à dix heures Garnier écrivait :

« All right! La citadelle a été enlevée avec ensemble. Pas un blessé. La surprise a été complète et réussie au delà de mes prévisions. Le feu de la rade surtout (*Scorpion* et *Espingole*) a abruti ces pauvres gens, qui n'avaient pas encore vu de projectiles explosibles.

« Le maréchal a été blessé par une boîte de mitraille. L'envoyé de Hué et tous les grands dignitaires sont pris. C'est une opération modèle (sans me vanter). »

Un lieutenant de vaisseau, entouré de cent quatre-vingts hommes seulement, à trois mille lieues de leur patrie, à quatre

Partie méridionale de la citadelle de Hanoï.

cents lieues de tout secours, isolé dans une ville de quatre-vingt mille habitants, se risque, avec une partie de son escorte, à l'assaut d'un fort de cinq à six kilomètres de pourtour, garni de murs, de fossés, de glacis, de canons, et gardé par une armée qui, si mal équipée qu'elle fût, avec ses piques et ses sabres aurait pu se jeter sur les assaillants à raison de cinquante contre un! Garnier avait raison, c'était une opération modèle.

Le grand maréchal avait été grièvement blessé et fait prisonnier.

Mgr Puginier le visita à plusieurs reprises sur son lit de mort, pour essayer de le gagner au vrai Dieu. Il pria et fit prier pour le salut de cette pauvre âme; mais tous les efforts de son zèle devaient échouer devant l'obstination du vieillard. Le grand maréchal avait trop de sang chrétien aux mains. Le 20 décembre, il mourut sans espérance, comme meurent les persécuteurs.

Aussitôt après sa victoire, Garnier réorganisa l'administration dans la province, installa les fonctionnaires, créa une milice avec les volontaires, dont le nombre s'éleva en quelques jours à plusieurs milliers.

Mais l'occupation de Hanoï ne suffisait pas pour assurer la tranquillité du pays et la liberté au commerce.

Le 23 novembre, M. Balny d'Avricourt, avec une canonnière et dix-sept fantassins, commandés par le lieutenant de Trentinian, auquel on avait adjoint le docteur Harmand, partait pour Hung-Yên, qui tomba en son pouvoir.

Le 2 décembre, il s'emparait de Hai-Dzuong, dont l'importance stratégique est considérable. En une heure et demie, trente-deux Français enlevèrent, sans le secours du canon, une forteresse admirablement préparée pour la défense et d'un armement formidable, forteresse contre laquelle étaient venues échouer, dix ans auparavant, toutes les forces du prétendant royal.

Pendant ce temps, un aspirant de marine, M. Hautefeuille, à la tête de quelques braves, s'emparait de Ninh-Binh.

De son côté, Garnier ne restait pas inactif; il avait occupé Nam-Dinh, citadelle d'une importance presque égale à celle de Hanoï, et l'on raconte que, montant à l'assaut et se voyant devancé par un matelot du nom de Robert, il lui avait crié joyeusement :

« Passe pour aujourd'hui, mais que cela ne t'arrive plus! »

Dans ce poste il avait laissé le docteur Harmand, qui, avec vingt-cinq hommes, devait organiser et garder cette province de près de deux cent mille habitants. Ainsi, en quelques jours, Garnier et ses lieutenants avaient conquis et organisé près de la moitié du Tonkin.

On croit rêver en lisant de pareils récits.

Cependant, aidés des Pavillons-Noirs, les troupes annamites essayèrent de reprendre l'offensive, et menacèrent Hanoï.

En même temps arriva une ambassade envoyée par la cour de Hué, annonçant l'intention de traiter de la paix, et d'accepter les propositions de Garnier.

Cette ambassade était accompagnée de l'évêque de Hué, Mgr Sohier. Aussitôt le commandant français, dans l'espoir du dénouement pacifique qui lui avait été proposé, annonça la suspension des hostilités.

Sans tenir compte de cette amnistie, les Pavillons-Noirs s'avancèrent sous les murs de la capitale, et dans leurs rangs on voyait des soldats de l'armée royale, ce qui ne prouvait que trop la complicité des mandarins.

Le dimanche 21 décembre, Garnier, qui avait commencé la journée en assistant à la messe de Mgr Puginier, s'était rendu avec lui chez les ambassadeurs annamites, lorsqu'on accourut l'avertir que les Pavillons-Noirs attaquaient la citadelle.

Craignant de se laisser envelopper par cette trahison tout asiatique, Garnier ordonna immédiatement une sortie, et, armé d'un revolver, s'élança à la poursuite de l'ennemi, que quelques coups de canon avaient mis en déroute.

Emporté par son ardeur, il avait dépassé ses soldats lorsque, le voyant seul, les fuyards s'arrêtent, se ruent sur lui, le renversent, lui coupent la tête et continuent leur course en emportant ce sanglant trophée.

Presque au même moment et de la même manière, mais sur d'autres points, étaient frappés M. Balny d'Avricourt et trois autres Français.

Les cinq têtes furent promenées dans tout le Delta, fortifiant l'insolence des mandarins et portant la terreur dans l'âme des chrétiens inclinés vers la France.

L'expédition avait perdu son chef; le jeune et chevaleresque héros de cette étonnante campagne était tombé, et avec lui son œuvre allait disparaître.

Sa mort jeta une profonde consternation et un moment d'effroi parmi ceux qu'elle appelait à prendre brusquement le commandement de l'expédition.

Ce fut alors que Mgr Puginier, qui, du vivant de Garnier, s'était prudemment tenu en dehors des affaires, entra généreusement en lice pour relever le courage abattu des troupes, et mettre au service de leurs officiers son expérience et son patriotisme.

Quand les Pavillons-Noirs eurent disparu à l'horizon, en emportant les têtes de Garnier, de Balny et des trois autres victimes, les troupes rentrèrent à leurs quartiers dans un état de démoralisation complète. M. Bain, commandant intérimaire, dit alors à Mgr Puginier :

« Monseigneur, puisque Garnier est mort, je vais de suite donner l'ordre d'embarquer pour descendre à Haïphong, et de là repartir pour Saïgon. »

M. Bain était à ce moment épuisé de fatigues et d'émotions. Bien qu'il fût deux heures de l'après-midi, il était encore à jeun. L'évêque lui répondit :

« Mon cher ami, vous êtes trop fatigué en ce moment; commencez par déjeuner, puis nous parlerons de la situation. »

Quand le nouveau commandant se fut un peu restauré, l'évêque lui dit :

« M. Garnier est mort, c'est une très grande perte; mais, somme toute, il manque seulement cinq hommes à l'appel, vous êtes donc matériellement aussi forts que ce matin. Si vous quittez Hanoï, l'expédition est perdue, et peut-être vous n'arriverez pas jusqu'à Haïphong, et puis l'abandon précipité serait une honte pour le drapeau français.

— Mais les troupes sont complètement démoralisées !

— Faites appel au dévouement de M. Dupuis, il vous aidera à sortir des premières difficultés, et, soutenu par lui, vous êtes maître de la situation après comme avant le malheur. »

M. Bain hésitait à réclamer l'assistance de M. Dupuis. Ce fut Mgr Puginier qui prit sur lui de l'appeler à la citadelle. Dès qu'il sut ce qu'on attendait de lui, l'explorateur se mit entièrement, avec sa petite troupe, au service de la France.

Il envoya ses soldats voir si les Pavillons-Noirs s'étaient bien retirés et ne tentaient pas un retour offensif; puis il entra dans la citadelle avec ses cent cinquante Chinois, et leur fit monter la garde pendant cette première nuit, pour donner aux soldats français le temps de se reposer et de se remettre un peu.

Pendant les jours de deuil et d'angoisse qui suivirent la

catastrophe, MM. Bain et Esmez eurent continuellement recours à Mgr Puginier pour avoir des renseignements, pour expédier des courriers, pour se procurer tout le matériel nécessaire au soin de leurs blessés.

On peut dire, sans exagération, que l'évêque fut l'âme de l'expédition pendant la période de dix jours qui s'écoula entre la mort de Garnier et l'arrivée de son successeur au Tonkin. Il prévint ainsi de grands malheurs, et rendit à la France un service signalé en sauvant une situation qui paraissait alors désespérée, mais qui en réalité ne l'était nullement.

En effet, sous la direction de M. Esmez, chargé des affaires politiques, les négociations continuaient avec les envoyés de la cour. Là encore, l'influence de Mgr Puginier, toute-puissante sur les mandataires, qui avaient confiance dans sa droiture et le consultaient avant de prendre une décision, facilita beaucoup la tâche du représentant de la France, et l'on aboutit à un projet de convention qui sauvegardait pleinement les droits et l'honneur de notre pays, en même temps qu'elle assurait très suffisamment la sécurité de nos partisans.

Le 2 janvier 1874, on était réuni à la maison des ambassadeurs pour échanger les signatures, lorsque arriva de Haïphong une dépêche signée Philastre, ordonnant de suspendre toute négociation jusqu'à son arrivée.

Le nom seul du nouveau plénipotentiaire indiquait un changement complet dans la politique.

Dès le lendemain de son arrivée, en effet, il ordonna à nos troupes d'évacuer toutes les citadelles qu'elles occupaient, et de se concentrer à Hanoï; il déclara que Garnier avait agi sans ordres, et considéra comme non avenue la convention élaborée entre M. Esmez et les ambassadeurs annamites.

Pour trouver la cause de cette conduite étrange de M. Philastre, mais non pour la justifier, il faut l'expliquer d'après les tendances de son esprit.

Cet officier, venu en Cochinchine vers l'époque de la conquête, avait fait sa carrière dans l'administration coloniale; en 1873, il était à la tête du service de la justice indigène. Dès le principe il s'était voué à l'étude de la langue annamite officielle et des caractères chinois.

Son esprit avait subi l'influence de cette étude absorbante; lettré, il avait pris les sentiments des lettrés, et s'était engoué de la civilisation sino-annamite.

Aussitôt qu'il apprit l'existence de pareils ordres, Mgr Puginier alla voir M. Philastre pour lui représenter qu'une évacuation immédiate et sans conditions allait amener des catastrophes effroyables; que les chrétiens regardés, à cause de la communauté de foi, comme partisans des Français, en seraient les premières victimes; que tous ceux, païens ou chrétiens, qui avaient accepté, sur la parole de Garnier, de servir la France se trouveraient compromis; que les mandarins annamites eux-mêmes se déclaraient impuissants à maintenir l'ordre dans leurs provinces si on les évacuait avant qu'ils eussent pu rassembler des troupes.

La résolution de M. Philastre était irrévocablement prise avant son arrivée. Il répondit froidement à l'évêque qu'aucune considération ne le ferait dévier de sa ligne de conduite.

Instruits des sentiments de l'envoyé français, les lettrés annamites donnèrent libre carrière à leur haine contre les chrétiens. Pendant dix jours, les exécuteurs se jetèrent sur les plus belles paroisses catholiques du Tonkin, massacrant les habitants, pillant et brûlant les maisons.

Vainement Mgr Puginier implora-t-il Philastre; à ses prières l'administrateur ne répondit que par des impertinences, l'accusant d'être lui-même la cause de tous les désastres dont gémissaient les chrétiens. Il riait avec les mandarins des larmes du père de famille pleurant sur le sort de ses enfants, il dédaignait de lire ses lettres, et il osait écrire à Saïgon que le Tonkin était pacifié et tranquille !

L'amiral Dupré, averti de la détresse de l'évêque, n'eut pas le courage de prendre sa cause en main, et feignit aussi de croire que cette revanche sanglante avait été suscitée aux chrétiens par leurs missionnaires.

Cependant on tremblait, et non sans motifs, pour la grande communauté de Ké-So, qui renferme les principaux établissements de la mission.

Sur les instances de Mgr Puginier, M. Philastre, après deux refus, se décida enfin à envoyer, le 18 janvier, un officier avec quarante-cinq hommes, pour protéger cet établissement où se trouvaient alors réunis huit missionnaires français et quarante-cinq prêtres indigènes ; le grand mandarin avait l'ordre absolu de limiter toute défense à la mission, et l'interdiction expresse de porter aucun secours aux chrétiens du village et des villages voisins, s'ils étaient attaqués.

Du reste, cette protection dérisoire ne dura pas.

Dès le 31 janvier, la petite troupe était rappelée à la demande du second ambassadeur, qui garantissait à M. Philastre la tranquillité du pays.

Mgr Puginier, se voyant abandonné des hommes, se tourna du côté de Dieu. En union avec ses missionnaires, il fit deux vœux au Sacré Cœur, le premier pour obtenir la préservation des établissements communs de son vicariat, le second pour demander la cessation immédiate des massacres et des incendies.

On peut dire qu'il fut miraculeusement exaucé. En pleine effervescence, les pillards, les meurtriers s'arrêtent, et un calme relatif s'établit.

Tous les établissements de la mission demeurèrent intacts, et une seule petite chrétienté fut détruite à partir du jour où ce vœu avait été fait.

Dans cette crise, la mission du Tonkin occidental avait perdu trois prêtres indigènes, vingt-cinq catéchistes ou séminaristes et plusieurs centaines de chrétiens ; cent sept chrétientés avaient été détruites de fond en comble ; les pertes matérielles de la mission s'élevaient à plus de deux cent mille francs, et celles des chrétiens à plusieurs millions.

En se détournant du Tonkin occidental, le flot destructeur se jeta sur le Tonkin méridional, où il fit encore plus de ravages. Là pourtant il était vraiment difficile d'accuser l'imprudence des chrétiens, qui n'avaient eu aucun rapport avec Garnier, et dont la plupart ignoraient même l'existence d'une expédition française à Hanoï.

Tu-Duc avait répondu à la requête des lettrés en leur accordant l'autorisation sollicitée de massacrer et de piller les sectateurs de la religion perverse, et les ennemis s'en donnèrent à cœur joie. Il y eut quatre mille cinq cents chrétiens égorgés et trois cents chrétientés anéanties. Les pertes matérielles dépassèrent six millions.

En face de ces désastres, les missionnaires permirent à leurs fidèles de se défendre, et M⁶ʳ Gauthier adressa aux mandarins cette juste et indiscutable explication de leur conduite :

« Les chrétiens ont pris les armes, non pour s'insurger contre le roi, mais uniquement pour défendre leur vie contre leurs ennemis, à la merci desquels ils étaient abandonnés. Des milliers d'entre eux ont été massacrés; qu'ont fait les mandarins pour empêcher les massacres et sauver les innocents ?

« Ce sont les mandarins qui, par leur inertie, ont mis les chrétiens dans la nécessité de pourvoir eux-mêmes à leur salut. Si vous les protégez d'une manière efficace, ils n'ont que faire de leurs armes; mais, en ce cas, commencez par faire déposer les armes à ceux qui nous ont attaqués les premiers et ont juré notre ruine, sinon vous nous vouez à une mort certaine.

« Si tel est le but que vous vous proposez, c'est-à-dire l'extermination des chrétiens, à quoi bon les détours? Faites nous le savoir officiellement, et nous irons tous, l'évêque et les missionnaires en tête, nous livrer aux bourreaux; vous savez que, même aux jours les plus sombres de la persécution, jamais nous ne nous sommes défendus contre l'autorité légitime. Si tel n'est pas votre dessein, protégez-nous, non par des paroles, mais par des actes, ou bien nous nous défendrons nous-mêmes. »

A cette vigoureuse protestation, les mandarins ne répondirent que par des faux-fuyants, qui étaient de véritables mensonges. Ils ne tardèrent pas à porter la peine de cette coupable complaisance.

Vers le milieu de mai, des bandes indisciplinées, conduites en grande partie par des lettrés, levèrent l'étendard de la révolte contre le roi et les autorités légitimes.

La province de Nghe-An tomba tout entière en leur pouvoir, à l'exception du chef-lieu. Les troupes envoyées par le roi furent battues en plusieurs rencontres, et le chef-lieu fut investi.

A ce moment, la rébellion fut sur le point de s'étendre aux autres provinces; quelques soulèvements partiels eurent lieu, et si le triomphe des troupes royales eût tardé, la défection probable de plusieurs hauts dignitaires eût facilement entraîné une révolution complète.

En ces conjonctures critiques, le salut vint des chrétiens, qui montrèrent que leur fidélité n'était pas un simple mot : ils attaquèrent les rebelles et les défirent en plusieurs combats.

Mgr Puginier.

A la nouvelle de ces succès, les mandarins appelèrent à leur secours ceux que la veille ils proscrivaient, ou laissaient piller. Les catholiques obéirent; ils se réunirent à l'armée régulière, battirent les rebelles et rétablirent la tranquillité.

Pendant ce temps, le 15 mars 1874, l'Annam avait signé un nouveau traité avec la France.

L'article 9 était très explicite sur la liberté religieuse et sur les missionnaires. Il était ainsi conçu :

« Sa Majesté le roi d'Annam, reconnaissant que la religion catholique enseigne aux hommes à faire le bien, révoque et annule toutes les prohibitions portées contre cette religion, et accorde à tous ses sujets la permission de l'embrasser et de la pratiquer librement.

« En conséquence, les chrétiens du royaume d'Annam pourront se réunir dans les églises en nombre illimité, pour les exercices de leur culte.

« Ils ne seront plus obligés, sous aucun prétexte, à des actes contraires à leur religion, ni soumis à des recensements particuliers.

« Ils seront admis à tous les concours et aux emplois publics, sans être tenus pour cela à aucun acte prohibé par la religion.

« Sa Majesté s'engage à faire détruire ses registres de dénombrement des chrétiens faits depuis quinze ans, et à les traiter, quant aux recensements et impôts, exactement comme tous les autres sujets.

« Elle s'engage, en outre, à renouveler la défense si sagement portée par elle, d'employer dans le langage ou dans les écrits des termes injurieux pour la religion, et à faire corriger les articles du Thap Dieou, dans lesquels de semblables termes sont employés.

« Les évêques et les missionnaires pourront librement entrer dans le royaume et circuler dans leurs diocèses avec un passeport du gouverneur de la Cochinchine, visé par le ministre des rites.

« Ils pourront prêcher en tous lieux la doctrine catholique. Ils ne seront soumis à aucune surveillance particulière, et les villages ne seront plus tenus à déclarer aux mandarins, ni leur arrivée, ni leur présence, ni leur départ.

« Les prêtres annamites exerceront librement, comme les missionnaires, leur ministère. Si leur conduite est répréhensible, et si, aux termes de la loi, la faute par eux commise est passible de la peine du bâton ou du rotin, cette peine sera commuée en une punition équivalente.

« Les évêques, les missionnaires et les prêtres annamites

auront droit d'acheter et de louer des terres et des maisons, de bâtir des églises, hôpitaux, écoles, orphelinats et tous les autres édifices au service de leur culte.

« Les biens enlevés aux chrétiens pour fait de religion, qui se trouvent encore sous séquestre, leur seront restitués.

« Toutes les dispositions précédentes sans exception s'appliquent aux missionnaires espagnols aussi bien qu'aux français.

« Un édit royal, publié aussitôt après l'échange des ratifications, proclamera dans toutes les communes la liberté accordée par Sa Majesté aux chrétiens de son royaume. »

VI

LA FAMINE DANS L'INDE

A la fin de l'année 1875, les pluies d'hiver, qui tombent régulièrement sur la côte orientale de l'Inde du 15 octobre au 15 décembre, furent insuffisantes, et la récolte fut assez médiocre; les terres que fertilise l'eau des fleuves, en effet, sont fort peu étendues, et la grande, pour ne pas dire l'unique ressource du cultivateur est dans les pluies du ciel.

Après une saison de sécheresse et de chaleurs brûlantes viendront des pluies torrentielles. Alors le sol se ramollira, le laboureur se contentera de l'égratigner avec sa charrue; le grain qu'il lui confie germera et donnera une récolte après quelques mois d'attente. Alors aussi les grands étangs ou réservoirs se rempliront, et les hommes et les animaux auront une provision d'eau suffisante pour l'année entière.

Mais si les pluies viennent à manquer au temps propice, comme il arrive assez souvent, l'Indien se trouve réduit à la plus extrême misère.

Si elles manquent deux années consécutives, non pas seulement dans un district ou une province, mais sur une vaste étendue de la péninsule, c'est l'affreuse famine avec tout un cortège d'épidémies et une mortalité dont on ne peut se faire une idée.

L'année 1876 fut plus mauvaise encore; la livre de riz, qui

vaut ordinairement quinze centimes, monta à deux francs quarante; le ragui, espèce de millet noir, nourriture de beaucoup de paysans, valut soixante-dix centimes la livre au lieu de cinq centimes; bientôt même, à prix d'argent, on n'en trouva plus.

Après avoir épuisé leurs dernières ressources, voyant leurs bestiaux mourir de faim et de soif auprès des étangs desséchés, les habitants des campagnes se jetèrent dans les forêts, arrachant toutes sortes de racines plus ou moins malsaines, recueillant les jeunes pousses de bambous, la moelle de certains cactus, les feuilles des arbres et les herbes que les animaux mêmes dédaignent. Peu à peu ces tristes ressources s'épuisèrent elles-mêmes; les forêts devinrent aussi désolées que le reste des campagnes, et bientôt des maladies terribles se déclarèrent.

Le choléra, qui toujours semble veiller le long des fleuves prétendus sacrés, fit bientôt son apparition au milieu des populations épouvantées. La dysenterie, la petite vérole et les fièvres, qui, elles aussi, semblent avoir une fatale prédilection pour les chauds climats de l'Inde, apportèrent leur funèbre concours au fléau.

Désormais sans ressources, villages et districts se dépeuplèrent : la faim, l'épouvante, la misère sous toutes ses formes, poussèrent vers les villes des multitudes de laboureurs.

Il ne fut pas rare de voir dans les rues, et surtout le long des routes, des gens morts ou mourant de faim.

« J'ai rencontré, disait M. Bonnétraine, presque chaque fois que je suis sorti, des cadavres et des agonisants dans les fossés, auprès desquels passaient et repassaient sans souci les voyageurs et les paysans. J'ai même vu des cadavres à moitié dévorés par les animaux sauvages et par les chiens. Les voitures du gouvernement ramassent tous les jours, sur les chemins, ceux qui sont tombés pour ne plus se relever. »

Pour quiconque connaît les Indiens, leur amour pour leurs enfants, la douceur de leur caractère, il est presque impossible de croire ce qui s'est passé dernièrement à Bangalore.

« Une femme, sentant l'odeur de la viande, s'approcha d'un endroit où quelqu'un en faisait rôtir, afin d'obtenir elle aussi une petite portion de ce festin. Quelle ne fut pas son horreur en voyant une autre femme qui faisait cuire son propre enfant pour le manger ! »

Dans un autre endroit, un brahme étant mort, on procéda à ses funérailles, et, selon la coutume des gens de cette caste, son corps déposé sur un bûcher, on y mit le feu.

« Pendant que l'on achevait la cérémonie, une bande d'affamés se précipitent sur les gens du deuil, retirent du bûcher le corps du grillé et se mettent à le manger à belles dents. »

Les religieuses du Bon-Pasteur ajoutent :

« C'est étonnant de voir comme ces squelettes trouvent la force de se traîner par les cours jusqu'à quelques minutes avant leur mort. Pour un morceau de viande les enfants surmontent les plus grandes difficultés, et il est arrivé plus d'une fois que, pendant qu'elles recevaient l'extrême-onction, elles serraient un morceau de viande dans leurs mains.

« Une d'entre elles devait recevoir l'extrême-onction, et quand le prêtre se présenta elle avait disparu. Après l'avoir inutilement cherchée pendant quelque temps, on la vit, se traînant sur les mains et les pieds, sortir de la cuisine un morceau de viande entre les dents. Une autre meurt le morceau dans la bouche; sa voisine le lui ôte et le mange avec délices.

« Ce goût pour la viande est quelque chose de féroce, nous hésitons presque à vous dire jusqu'où il va. On a vu ces petites s'asseoir sur le fumier, le gratter, fouiller avec patience et déterrer les restes de corbeaux, de rats, de serpents qu'elles avalaient avec voracité.

« Une d'elles fut trouvée, par sa maîtresse, mâchant avec peine un objet évidemment coriace et cachant soigneusement le reste sous ses bras. Qu'était-ce? un serpent que nous avions tué quelques jours auparavant. »

Les affamés se précipitèrent sur les villes; mais comme ils apportaient avec eux des occasions de désordre, des bouches inutiles et des maladies épidémiques, on les en empêcha.

« J'ai vu, dit M. Bonnétraine, chasser de Mysore près de trois cents hommes, femmes et enfants, dans un état complet de misère; des soldats, la baïonnette au fusil, et des gardes à cheval, la lance au côté, poussaient devant eux cette horde de mendiants. »

Le gouvernement anglais organisa des secours; il établit des camps immenses, dont plusieurs reçurent jusqu'à douze mille personnes et où l'on distribua de la nourriture aux affamés; il forma des comités de répartition, qui furent tantôt sympathiques aux missionnaires comme ceux de Cuddalore, d'Arni, de Vellore, et les nommèrent parmi leurs membres, tantôt antipathiques, et refusèrent les aumônes auxquelles leurs fidèles avaient droit, ainsi qu'on le vit à Gingi.

Il ordonna des travaux publics pour donner de l'ouvrage et fournir des moyens d'existence aux malheureux.

Voici les états officiels du nombre des travailleurs et des pauvres secourus dans une partie de la présidence de Madras du 30 janvier au 13 février 1877 : ils donneront l'idée de la misère des Indiens et de la générosité des Anglais.

Collectorats.	30 janvier.	6 février.	13 février.
Bellary	377 147	353 387	363 789
Karnil	218 832	290 549	242 561
Cadappah	170 734	137 324	119 990
Chingleputt	12 091	12 300	18 009
North-Arcot	22 235	22 204	21 347
Vellore	72 435	70 250	82 396
Salem	32 800	36 900	45 056
Coïmbatore	28 518	24 225	25 542
Trichinopoly	1 795	1 598	1 600
Maduré	7 305	9 306	10 245
Tinnevelly	22 793	3 763	2 607
Kishna	4 338	5 733	4 917

On établit aussi les comptes des dépenses pour les mois suivants : 1° Nombre de personnes employées aux travaux de secours : mars, 1 480 000; avril, 1 840 000; mai, 1 530 000; juin, 795 000; juillet, 310 000. Total : 5 995 000. 2° Nombre des personnes qui reçurent des secours gratuits : mars, 250 000; avril, 500 000; mai, 600 000; juin, 700 000; juillet, 500 000; août, 100 000. Total : 2 650 000.

Combinant les dépenses des travaux et des secours gratuits, le gouvernement faisait le résumé suivant de la situation :

Dépenses faites et réglées jusqu'à la fin de décembre : 9 312 500 francs.

Dépenses prévues du mois de janvier : 7 792 300 francs.

Dépenses probables des travaux de secours de février en juillet (six mois) : 44 750 000 francs.

Dépenses probables pour les secours gratuits : 4 500 000 francs.

Dépenses diverses : 4 500 000 francs.

Prix des grains achetés par le gouvernement : 7 560 000 francs.

Pertes résultant des remises et des dégrèvements aux cultivateurs : 28 950 000 francs.

Total pour la présidence de Madras : 107 364 800 francs.

Après ces évaluations le gouvernement ajoutait avec beaucoup de prudence :

« Les totaux qui précèdent pourront être dépassés si la prochaine saison est défavorable, si les dernières instructions données par le gouvernement suprême pour réduire les travaux, le nombre et le salaire des travailleurs et les dépenses de secours gratuits ne peuvent être maintenues, et si la disette vient à s'étendre aux districts qui ne sont pas encore désolés par la famine. »

Le gouvernement français, dans la petite partie de l'Inde qui dépendait de lui, donna également des secours considérables ; il établit des fourneaux et en confia un aux missionnaires ; à ce seul fourneau la distribution des rations de riz s'éleva au chiffre de quarante-cinq mille par mois.

Tout cela n'était cependant pas suffisant ; on fit appel à la charité des particuliers. L'Angleterre se montra très généreuse, le commerce employa tous les moyens à sa disposition pour alimenter le marché.

Les vicaires apostoliques du sud de l'Inde adressèrent de pressants appels aux catholiques de France.

Toujours généreux envers les misères, de quelque côté qu'elles viennent, notre pays donna largement pour les affamés ; en un mot, partout régna une noble émulation pour secourir les malheureux.

« Mais, dit Mgr Laouënan, toutes ces dépenses, tous ces efforts, toute cette charité, si dignes qu'ils soient d'éloges et d'encouragements, ne font qu'alléger le mal ; ils profitent surtout aux personnes valides qui peuvent travailler, aux pauvres des villes et du voisinage.

« Les populations des campagnes reculées supportent toute

l'horreur de la famine; les grains venus du dehors ne pénètrent pas chez elles; il n'y a point, au milieu d'elles, d'hommes riches et encore moins des comités de secours pour leur venir en aide; les travaux publics se font au loin, et en tout cas la multitude des vieillards, des infirmes, des femmes et des enfants, est hors d'état de profiter des ressources que les gouvernements ont créées sous cette forme.

« Aussi la misère y est-elle horrible; toutes les lettres que je reçois de mes chers confrères de l'intérieur jettent des cris de détresse et implorent des secours.

« On est réduit, en un grand nombre d'endroits, ne trouvant pas de grains, même pour de l'argent, à manger des racines quelconques, souvent vénéneuses, à cueillir des feuilles d'arbre et des écorces qu'on fait cuire avec un peu de sel.

« Cette pauvre nourriture ne sert qu'à tromper la faim de ceux qui la prennent, ou leur occasionne diverses maladies, comme la dysenterie, le flux de sang, le choléra.

« Ce dernier mal a fait son apparition sur plusieurs points, et l'on doit s'attendre à ce qu'il devienne général.

« On ne meurt peut-être pas de faim, dans le sens rigoureux du terme; mais on meurt par défaut d'une nourriture suffisante, ce qui revient à peu près au même.

« Ceux qui meurent en plus grand nombre ce sont les petits enfants à la mamelle; l'insuffisance de la nourriture tarit le lait des mères et les met dans l'impuissance de nourrir ces pauvres petits êtres.

« Le P. Ligeon me racontait, ces jours derniers, qu'une femme païenne, qui lui présentait deux petits enfants afin qu'il les baptisât et les nourrît, se lamentait de n'avoir pas su plus tôt qu'il recueillait les enfants, car elle venait de laisser mourir, faute de nourriture, un pauvre petit enfant à la mamelle.

« Mais un mal auquel la Providence seule peut remédier, c'est le manque d'eau potable qui se fait déjà sentir en beaucoup de quartiers : les étangs et les réservoirs sont à sec, les puits ont tari, les hommes et les animaux ne trouvent plus de quoi boire.

« Si la sécheresse dure encore quelques mois, ce fléau deviendra général. Déjà les pâturages sont partout insuffisants; on s'attend à voir périr les troupeaux, et l'on est justement préoccupé de cette éventualité; car si, dans l'Inde, les gens de caste honorable ne mangent pas la chair du bœuf et de la vache, tout le monde y fait grand usage du lait et du beurre, et d'ailleurs les bœufs et les buffles sont indispensables à l'agriculture.

« A ces fléaux vient s'en ajouter un autre qui en est la conséquence presque inévitable, ce sont les vols par ces bandes de brigands qu'on appelle dans l'Inde dacoïts.

« Grâce aux efforts et à la sévérité des gouvernements, ce désordre était devenu assez rare; depuis quelque temps il tendait à disparaître, mais la misère l'a fait revivre à un degré effrayant.

« Certaines provinces sont littéralement désolées par ces bandes de voleurs qui attaquent et pillent les villages, dévalisent les voyageurs et les charrettes qui portent des grains, suscitent des émeutes pour piller les magasins et les boutiques, en un mot, répandent dans tout le pays le trouble et la terreur.

« Les PP. Thirion et Teyssèdre ont été attaqués, pendant la nuit, dans le presbytère de Covilur-Darmabury; mais ils se tenaient sur leurs gardes et étaient armés; ils ont donc pu repousser les voleurs, qui alors se sont jetés sur les villages voisins. La police en capture chaque jour un grand nombre, les prisons en regorgent, au point qu'on ne sait déjà plus où mettre les nouveaux arrivants.

« Il y a lieu de croire que la plupart de ceux qui se laissent ainsi prendre n'ont guère eu d'autre but, parce qu'en prison ils sont du moins assurés d'être nourris.

« Aussi le geôlier en chef d'une des grandes prisons du territoire anglais écrivait-il à son gouvernement qu'il est en ce moment beaucoup plus à propos de fermer les prisons à ceux qui y viennent du dehors que d'empêcher les prisonniers d'en sortir, et les jurés d'une province voisine n'ont pas trouvé de meilleur moyen de punir les voleurs, qui avaient été traduits devant eux, que de les renvoyer absous.

« Voilà la situation présente. Que sera-t-elle dans quelques mois? C'est le secret de Dieu. Mais, selon toute probabilité, elle sera horrible. La saison des pluies est passée; nous jouissons d'une température fraîche, signe certain de sécheresse. »

Les prévisions de Mgr Laouënan se réalisèrent; la pluie ne vint pas et la misère fut à son comble. Tout le pays, écrivait-on, ressemble à un immense champ de bataille, où chaque jour la mort couche des centaines d'Hindous, dont les vautours se disputent les cadavres.

Cependant ces malheurs et la charité des missionnaires ébranlèrent les Indiens.

« La famine est devenue un grand prédicateur, » écrivait le P. Fourcade, de la mission de Pondichéry.

Ce grand prédicateur convertit, en effet, des multitudes jusque-là plongées dans les ténèbres de la mort. Nous ne pouvons citer ni résumer toutes les conversions racontées à cette époque par les prédicateurs de l'Évangile; nous nous contenterons d'insérer ici quelques pages du P. Darras, missionnaire à Chetpett et à Polur.

« Le 25 février 1877, douze païens de Chetpett se présentèrent à moi et me prièrent, au nom de tous les parias païens de leur village, de venir les instruire et les baptiser. J'envoie le catéchiste pour examiner la question sur les lieux. Les rapports de celui-ci étant favorables, je pars le 8 mars 1877.

« Les principaux parmi les parias m'attendent à un mille du village, sur la route de Polur. Ainsi je fais mon entrée solennelle dans ce village, inconnu et tout païen, au son de la musique et au milieu des cris de joie de tout ce peuple qui m'accable.

« Loin de me livrer à ces démonstrations, ma pensée me reporte à l'entrée triomphale de notre divin Sauveur à Jérusalem le jour des Rameaux, triomphe éphémère qui fut suivi de si près des douleurs du vendredi saint.

« Arrivé à la petite tente qu'on avait fixée sur la place publique, je renvoie tout ce peuple qui m'accompagne et me retire à l'écart, pour me livrer aux réflexions que m'inspirent ces événements.

« Au milieu du trouble qui m'agite, Notre-Dame de Lourdes, comme l'étoile qui dirigeait les mages, me parle au cœur et vient soutenir mon courage.

« Me rappelant alors le vœu que j'avais fait de lui élever une chapelle, que deux fois j'avais essayé de réaliser sans y réussir, je le renouvelle et m'engage à construire la chapelle promise sur la montagne de Satan, que je vois devant moi si ma bonne Mère l'a pour agréable.

« Aussitôt le calme rentre dans mon âme, et Marie bénit l'entreprise, car dès le lendemain plus de trois cents personnes du village inscrivirent leurs noms et commencèrent à étudier les prières dans un hangar que je fis construire à cet effet.

« Je rencontre providentiellement un païen de caste qui s'offre à moi comme introducteur. C'était un avantage inappréciable, car il se met en rapport avec le village, me fait connaître les individus, leur caractère, leurs dispositions. Je dois cependant être circonspect, car l'intérêt est pour beaucoup dans ces démarches.

« Dès lors je sentis la nécessité de m'établir ici, pour me consacrer entièrement à l'œuvre qui commençait si bien et me faire remplacer à Valantanguel. J'écrivis à Mgr Laouënan, qui acquiesça à ma demande, mais me pria d'attendre encore quelque temps.

« Je fus donc obligé de faire marcher simultanément les deux catéchuménats et de suivre l'œuvre des conversions des deux côtés.

« Confiant en Jésus et Marie, je porte mes soins à m'attacher les chefs. Le premier, Minien, qui reçut au baptême le nom de Nidiapen, est celui qui a rendu le plus de services. Homme honnête, d'un caractère doux et calme en même temps que ferme, il a un grand ascendant sur toute la caste dont il est le chef.

« Malheureusement deux compétiteurs s'étaient formé chacun un parti depuis quelque temps et lui suscitaient des difficultés. Ma première démarche fut de prendre les moyens de faire disparaître ces divisions. Avec la grâce de Dieu, trois jours de pourparlers rétablirent l'ordre, et l'union fut scellée par une promesse écrite.

« Deux autres hommes influents, Kâli et Péruman, avaient une grande part dans les déterminations de la caste; aussi on m'engagea beaucoup à faire des démarches pour les conquérir. Ce dernier se trouvait dans un village assez éloigné; la divine Providence se chargea de le ramener, comme il le dit lui-même :

« — La nuit je vis une lumière éclatante qui éclairait le terrain vis-à-vis de nos maisons.

« Là se trouvaient assis par bandes un grand nombre de pauvres au visage hâve et au corps décharné. Je vis aussi un religieux qui leur distribuait des secours, et une voix me disait intérieurement : « Lève-toi, va, toi aussi, recevoir le pain de « vie. »

« Au moment où il arrivait, je le fis appeler avec son partenaire Kâli et les gagnai à la cause de la religion.

« Péruman reçut au baptême le nom de Selvanayagam, et Kâli celui de Vedenayagam. Avec eux tout le village, deux familles exceptées, était soumis à la religion.

« Avec la grâce de Dieu et le secours de Notre-Dame de Lourdes, ce peuple avait été réuni en une seule famille, et tous, sous la direction du prêtre, étudiaient les prières et la religion. C'étaient un entrain et un enthousiame généraux.

« Le jour du baptême fut fixé au 2 juin. Belle et consolante cérémonie ; trois cent quarante-six personnes, un peu plus de la moitié des catéchumènes du village, devaient participer à cette grande grâce.

« Mon cœur surabondait de joie. Il m'eût été bien doux d'entourer cette cérémonie de tout le décor et de toute la solennité qui lui convenaient ; mais les circonstances ne le permettaient point.

« Une petite table de voyage servait d'autel, deux cierges faisaient le luminaire. N'est-ce pas un lieu désert, une cavité dans la roche que la Reine des cieux a choisi pour se manifester au monde ? Le cierge allumé par les compagnes de Bernadette n'avait qu'une bien faible lumière.

« De même que les anges vinrent célébrer par leurs chants la naissance pauvre de Jésus délaissé dans la solitude, l'Église vient, par ses prières, relever cette humble fête. L'introït dit : « Les justes crieront vers lui, et le Seigneur les exaucera. Il les « délivrera de toutes leurs tribulations. » Puis à l'offertoire : « Je vous ai choisis pour que vous alliez et offriez des fruits. »

« C'est la prédiction de cette œuvre si consolante. Voilà une seconde station établie, et une station très importante.

« Il fallait cependant pourvoir à l'administration de Valantanguel. J'écrivis de nouveau à mon évêque pour le prier d'envoyer un confrère ; j'ajoutai qu'il serait avantageux, dans le moment présent, de s'implanter dans les centres qui pourraient devenir chefs-lieux de districts, que j'étais persuadé que la chose réussirait, mais que pour cela il faudrait des missionnaires disponibles pour les y établir. Monseigneur me répondit d'aller de l'avant, qu'il ne manquerait pas de m'envoyer aide, que pour le moment il ne pouvait disposer de personne pour Valantanguel, mais qu'il l'enverrait sous peu.

« Il fallait une chapelle provisoire après des conversions si nombreuses à Chetpett. Je cherche un terrain ; la malveillance des uns, la rapacité des autres me suscitent des difficultés ; mais c'était pour me faire obtenir le terrain le plus avantageux et humilier ceux qui voulaient se jouer de moi. Je me contentai, pour le moment, de bâtir un hangar qui devait me servir de catéchuménat, de presbytère et d'église.

« De proche en proche, les villages environnants s'émurent et se présentèrent un à un ; la famine et tous les fléaux qui accablèrent le pays en ces temps désastreux, s'unissant à toutes les autres raisons qui pouvaient attirer ce peuple à me rechercher, je vis bientôt toute la contrée accourir à moi. En peu de temps je fus débordé par le nombre des catéchumènes.

« D'autres conversions se présentèrent. Vatelan de Divinatagalam arrive de Madras, où il a servi les Européens. Il apprend que les gens de son village veulent aller chez les protestants ; il les détourne, vient appeler Nidiapen, le chef de Chetpett ; par son entremise il les détermine, avec Tophan Mimeri, leur chef. Il agit sur son beau-fils, qui se trouve à Severapudy, village proche de celui-ci. Un autre village voisin, Nambodu, s'unit à eux avec Colucaren, son chef. Un soldat retraité de Kotipudy, nommé Mutlen, veut se faire chrétien ; il travaille ses frères, et non seulement détermine les habitants de son village, mais il amène ceux d'Unnamandel, de Sevelambodey.

« Les parias de Kiplambodey sont molestés par leurs maîtres, ils viennent chercher secours et protection près du prêtre.

« A quelques milles de là, à Pudamangalam, se trouvent les ruines d'une chapelle catholique. Un homme nommé Namen avait été guéri d'une maladie incurable en faisant le vœu de se faire baptiser ; il la construisit et l'entretint toute sa vie ; après sa mort elle tomba en ruines.

« Le temps est venu où ce germe va produire des fruits. Tout le village vient à la religion : Scandavacuden, homme de caste, se présente; il étudie lui-même les prières, les enseigne à toute sa famille, vient recevoir le baptême. Il a le courage de résister à tous les sarcasmes et à toutes les attaques. Les parias de son village, frappés par son exemple, arrivent avec leur chef Narayamen (Devisagayam), qui d'ailleurs était attiré par ses parents de Chetpett. Uni à Selvanayagam, de Chetpett, il se fait apôtre et amène les païens à Semmiamangalam. Leur chef, Suine, païen, vieillard de quatre-vingts ans, est remarquable par sa simplicité et sa bonté naturelles.

« Il est le patriarche de toutes les familles. Elles lui sont entièrement dévouées, aussi le recrutement fut facile. De là ils se rendirent à Allialamangalam et à Peranampokam.

« Ces deux villages, quoique moins faciles, ne laissèrent pas de se soumettre à la parole de nos deux zélateurs, qui rétablirent la paix parmi eux et les amenèrent au baptême.

« Du côté du nord de Chetpett, à un mille de distance, le petit village de Munacinur possède une famille chrétienne. Son chef, Gnanamuttu, le véritable bon israélite de l'Évangile, se voit, par les circonstances, mis à la tête des païens de son village, qu'il amène pour me les recommander.

« Quelques familles d'Ienamangalam et de Semmambodey, et presque toutes les familles de Pundi, trois villages voisins, profitent de cette circonstance pour se présenter avec eux.

« Nous arrivons à Alliandel. Ici se trouve une chapelle très ancienne. Elle remonte probablement à l'année 1700, où les pères jésuites firent leurs établissements à Pinnepundy, à Pundur et à Kanyiburam.

« C'étaient là que s'arrêtaient les évêques, les missionnaires et les religieuses qui se rendaient à Bangalore et à Coimbatore jusqu'à l'établissement du chemin de fer. Il n'y avait qu'une seule famille chrétienne. En ce temps, les païens des villages d'Alliandel, Inymodu avec son chef Muneyen, Paleam avec son chef Kihen, Taveni avec son chef Carien, sont réunis pour recevoir le baptême.

« Un renégat est à la porte de l'église. Il assiste aux cérémonies du baptême; la grâce le frappe, les larmes lui coulent des yeux, il pleure ses péchés, se convertit et ramène toute sa famille.

« Les païens de Namattodu, de Marecunam, d'Indivaranan

hésitent quelque temps; mais leurs chefs, Pundi, Peruman et Cullen, les déterminent. Ils sont bientôt suivis de Cottadavady, d'Appodu, de Martambody et d'Ovelampattu.

« Des relations amicales existent entre ces villages; ils sont entraînés par leurs alliés, qui tiennent à conserver la possibilité de contracter mariage chez eux, chose très importante dans ce pays.

« Le village de Meduncunam, près de la montagne de Notre-Dame de Lourdes, était encore indécis. Plusieurs fois les chefs étaient venus me parler de leur désir d'embrasser la religion; mais ils ne pouvaient arriver à s'entendre.

« Enfin la divine Providence permit que la question se terminât, et ils se joignirent à la presque totalité des païens de toute la contrée. Ils reçurent le baptême et devinrent enfants de l'Église.

« Le district de Chetpett était établi, et j'allais maintenant commencer les travaux dans le village de Polur, qui devait bientôt devenir le centre d'un nouveau district.

« Nous étions à la veille du mois de mai 1878; je me trouvais, depuis trois jours, à Polur pour suivre les pourparlers avec les parias de ce village, dont une partie m'avait appelé pour les instruire. J'avais avec moi comme catéchiste le fils d'un vieux sergent de l'armée; il s'appelait Antoni. Caractère doux, calme, bon, de sens pratique, qui lui faisait voir comme instinctivement la marche à suivre dans les affaires pour tourner les difficultés sans briser avec personne.

« Quinze familles voulaient embrasser le christianisme; les autres faisaient opposition et les menaçaient de les priver de tous leurs avantages si elles exécutaient leurs projets.

« Il fallait les faire consentir à laisser libres les premiers et rester en bonne entente avec eux.

« Sellen, homme d'un tempérament bilieux, ferme et énergique de caractère, posa la question clairement : « Nous voulons nous faire chrétiens; en cela nous n'allons en rien contre « les règles de la caste, laissez-nous donc libres. ».

« Toti-Copen s'écrie d'une manière plus brusque :

« — Que vous vouliez ou non, nous nous ferons chrétiens, c'est notre droit. »

« Banyaevren, plus calme, dit :

« — Vous êtes de la même religion que les Tamugères païens, cependant vous n'êtes pas réunis à eux dans les cérémonies, cela n'empêche pas que vous soyez en paix avec eux respectant leurs droits. »

« Matucaren, le vieux chef, après avoir suivi tous les pourparlers, tranche la question en se déclarant pour la liberté, et les catéchumènes furent inscrits. »

Les missionnaires de Bangalore, de Mysore, de Shimoga et bien d'autres furent également assaillis par les affamés; de grands catéchuménats furent formés, particulièrement à Bangalore, dans la paroisse de Saint-François-Xavier, et à Mysore.

Ce fut dans cette dernière ville qu'un missionnaire, M. Bonnétraine, visita le premier le camp et la cuisine établis par le gouvernement; il y baptisa des païens adultes et des enfants, et comprit le bien que l'on pourrait opérer parmi cette multitude.

M. Rappart fit un long voyage à Chittaldroog, Tumkur, Hariur, Mattighery et dans tous les camps et asiles qu'il rencontra, et administra les sacrements à de nombreux mourants.

Le dévouement des religieuses ne le céda en rien à celui des missionnaires.

« Notre Mère Marie de la Visitation, disent les *Annales du Bon-Pasteur*, se transporta dans les camps accompagnée d'une de nos chères sœurs. Rien ne saurait dépeindre l'aspect affreux que présentaient ces vastes abris, théâtre des fléaux les plus terribles qui puissent frapper l'humanité.

« Sur une place ouverte étaient couchées pêle-mêle onze mille personnes, hommes, femmes, enfants; les uns morts, les autres mourants, couverts d'ulcères infects et attendant l'heure où on devait leur donner leur ration de riz.

« Chaque jour on ramassait cinquante à soixante cadavres, quelquefois davantage. Un autre vaste camp contenait sept mille six cents affamés. Tous les visages portaient l'empreinte d'une morne indifférence; les yeux éteints n'exprimaient ni espérance, ni désespoir; tous paraissaient attendre la mort d'un air stupide et hébété; la misère les avait complètement démoralisés. Que pouvait-on dire en face d'un pareil spectacle?

« Notre Mère et sa compagne étaient comme les amis de

Job, réduites au silence, parce qu'elles voyaient que les souffrances étaient extrêmes.

« Il fut convenu avec le gouverneur que les hommes seraient séparés des femmes et des enfants, et que l'on préparerait pour les religieuses une demeure à proximité de l'hôpital, afin qu'elles puissent surveiller la nourriture et les gardes-malades.

« Ce qu'on ne disait pas au gouverneur, mais ce qu'on se promettait tout bas, c'était que l'on baptiserait les mourantes qui accepteraient le sacrement de régénération.

« Les vastes écuries de la cavalerie furent destinées aux malades. A nos sœurs et aux religieuses indigènes qui les assistaient, on assigna la belle maison des officiers, située au milieu de la cour, vaste demeure qui leur fournissait un ample logement et de plus leur permettait de convertir une grande chambre en une chapelle, où Monseigneur lui-même eut la bonté d'aller leur dire la sainte messe. »

Cette charité ne suffit pas aux religieuses, qui ouvrirent toutes grandes les portes de leur couvent, reçurent à la fois jusqu'à six cents personnes et trouvèrent, grâce à leur charité et à leurs mortifications, autant qu'aux secours qui leur furent donnés, le moyen de les nourrir.

VII

UNE COLONIE INDIENNE. — CHEZ LES BAHNARS.

Entre l'Inde et la Chine est située la mission de la presqu'île de Malacca, qui a pour ville principale Singapore.

Dans ce pays, où toutes les nationalités semblent s'être donné rendez-vous, où le Chinois coudoie l'Anglais, où le Hollandais fait des affaires avec l'Américain, et l'Allemand avec le Belge et le Français, des Indiens sont venus s'établir, et leur nombre dépasse aujourd'hui soixante mille.

Pendant longtemps, ils se sont contentés de gagner leur vie et d'amasser quelques économies au service des Européens de la colonie.

Ils étaient cuisiniers, boys, cochers, jardiniers; d'autres exerçaient des métiers plus ou moins lucratifs. C'étaient eux aussi que les planteurs anglais ou même chinois employaient comme coolies pour la culture de la canne à sucre et du tapioca.

Quelle que soit son occupation, l'Indien, noble ou paria, ne s'attache guère nulle part. Vivant au jour le jour, sans souci du lendemain, il se réserve de changer de pays, de maître, d'emploi quand et comme il voudra, selon le caprice de sa fantaisie.

Un missionnaire rencontra un jour une femme chrétienne qui, née aux Indes, s'était mariée à Maurice, a passé des années à la Martinique; son mari avait été tué à Metz, et elle était venue à Pénang; il la revit à Perak en partance pour Sumatra.

Or cette vie de voyages peut avoir ses charmes, mais elle a aussi ses inconvénients. Outre qu'en route beaucoup perdent plus ou moins la foi, les mœurs, l'instruction religieuse, leurs continuels changements de résidence sont cause qu'ils échappent facilement à l'action du prêtre.

Les succès obtenus parmi les Chinois, les obstacles qu'offrait l'apostolat parmi les sauvages inspirèrent aux missionnaires la pensée de s'occuper activement des Indiens; mais, comme nous l'avons dit, dispersés dans la ville de Singapore, dans l'île de Pinang et sur le continent, à la suite des Anglais dont ils étaient les serviteurs, les Indiens étaient difficilement abordables. On ne pouvait arriver à faire parmi eux quelque chose de sérieux et de stable qu'en les groupant et les établissant dans des propriétés appartenant à eux ou à la mission. Or, ni eux, ni la mission n'avaient de propriétés; il en fallait trouver. La réponse était aussi facile à donner que difficile à exécuter. Le meilleur moyen pour y réussir sembla de fonder une colonie agricole. On y pensa, et on en parla longtemps avant de la faire.

Le premier qui mit l'idée à exécution fut le P. Fée, aujourd'hui évêque de Malacca. La fondation de cette colonie vaut la peine d'être racontée, non seulement parce qu'elle réussit, mais aussi parce qu'elle nous donnera la note générale des fondations qui se sont succédé.

En 1882, le P. Fée était alors jeune prêtre et vicaire d'un vétéran des missions, le P. Hab, qui l'aida tout d'abord de ses conseils, dont il n'était pas avare, et qui obtint du gouvernement anglais une concession de terrain d'une grandeur de deux cents acres [1].

La propriété était située à une trentaine de milles de Pinang, dans un district du royaume de Perak, au milieu d'une immense plaine baignée par la rivière Kourao, et déroulant des montagnes à la mer des milles et des milles d'excellent terrain de rizières mais couvert de forêts presque impraticables. A un

---

[1] Quatre-vingts hectares.

Une rue de Singapour. (Dessin d'après nature de C.-W. Allers.)

mille et demi s'élevait, bien paisible, le petit village de Bagan-Seraï composé d'une douzaine de maisons.

Le terrain acquis, il n'y avait plus qu'à l'occuper et à transformer la forêt en rizières. Dix hommes de bonne volonté s'offrirent à risquer l'aventure, et, le 19 janvier 1882, le P. Fée partait pour tenter la fondation d'une colonie indienne qu'il avait d'avance baptisée du nom de Sousey-Paleam ou campement de Saint-Joseph.

Le soir du même jour il débarquait à Parit-Buntar, chef-lieu du district de Kourao. Le magistrat anglais, M. Leech, le reçut très aimablement et s'offrit à aller le lendemain installer l'expédition, ce qui fut accepté avec joie. Tous partirent de grand matin ; la journée fut, paraît-il, assez rude. La route nouvellement ouverte avait subi bien des avaries durant la dernière saison de pluies ; le soleil semblait plus tropical que de coutume ; la forêt, se dressant comme un mur de chaque côté de l'étroit sentier, arrêtait la brise et concentrait la chaleur, et toujours la route se déroulait en droite ligne comme un ruban sans fin. Les bagages entassés sur une pirogue suivaient, péniblement remorqués par les hommes le long du fossé qui bordait la route, et n'ajoutaient pas aux agréments du voyage.

Enfin, vers une heure de l'après-midi, ils étaient devant le territoire de la future colonie. Le magistrat en montra les limites au missionnaire, lui donna un vigoureux *shake hands* et partit, tandis que l'expédition se dirigeait vers le village de Bagan-Seraï, où une case malaise, providentiellement inoccupée, leur servit de maison. Ce n'était pas un palais. Une dizaine de piliers en nibong[1], supportant à cinq pieds de terre une cage de dix pieds sur quinze, la composaient. Le toit était en atapes[2], les parois aussi ; le plancher se composait de lattes de nibong ficelées avec du rotin ; il était à jour, ce qui assurait l'aération, et tellement flexible, qu'on ne pouvait faire un pas sans avoir le plaisir de voir tout danser autour de soi.

Le lendemain, les futurs planteurs se reposent des fatigues de la veille et se préparent à celles de l'avenir ; ils inspectent la forêt, emmanchent les serpes, aiguisent les haches, etc. Le

---

[1] Palmier.
[2] Feuille de palmier.

surlendemain étant un dimanche, ils prient et, le lundi 23 janvier, ils se mettent à l'œuvre. Trois semaines plus tard, ils avaient élevé un hangar de vingt pieds sur cinquante, et recevaient la nouvelle qu'une seconde caravane arrivait. Elle était composée de parias, bons cuisiniers, grands hâbleurs, habiles à faire une sauce et à la goûter, mais peu habitués à la fatigue. Arrivés à moitié chemin, ils étaient à bout, renonçant à remorquer plus loin la barque chargée de leurs bagages, ils s'étaient couchés sur le bord de la route, attendant que quelque âme charitable vînt les tirer de peine. Le missionnaire eut pitié d'eux et détacha à leur secours quelques-uns de ses hommes.

Tous arrivèrent à onze heures de la nuit, après avoir rencontré sur leur route toutes les bêtes féroces de la création. L'un avait vu briller dans la nuit les terribles yeux du tigre, l'autre avait entendu le grognement sourd de l'ours, les autres avaient vu ou entendu quelque chose, mais ne savaient pas trop quoi.

Bref, ils avaient vu tant de choses qu'ils n'avaient plus peur de rien, si ce n'est, comme nos pères, que le ciel ne tombât sur leurs têtes. Parmi leurs instruments, ils avaient apporté un drapeau et un clairon. Le drapeau, tricolore comme tout drapeau digne de ce nom, fut hissé au haut d'un mât, le clairon sonna la charge, et en avant! Le premier jour, ils défrichèrent un acre, le second, dix; le troisième jour, ils vinrent confier au P. Fée que, la concession de deux cents acres étant ridiculement petite, il était urgent d'en demander au moins mille.

Les anciens riaient de la naïveté de ceux qu'ils appelaient les citadins. Quinze jours suffirent pour refroidir considérablement l'enthousiasme.

Les mains étaient endolories, les pieds déchirés par les épines, l'eau avait bien la couleur du café, mais n'en avait pas le goût, le poisson salé ne valait pas le bifteck; avant qu'un mois ne fût écoulé, bon nombre avaient pris le chemin du retour.

Parmi ceux qui restaient, quelques-uns éprouvèrent des accidents : deux hommes eurent les épaules déchirées par la chute d'un arbre, un autre se donna un coup de hache dans le pied; enfin d'autres tombèrent malades de la fièvre, de la dysenterie, de la phtisie. Cependant le gros de l'expédition tint bon, et, tout en défrichant, les Indiens construisirent une église et un presbytère pour le missionnaire. Le tout d'ailleurs formait un seul corps de bâtiment de vingt pieds sur dix-huit, couvert et clos en atapes, parqueté en lattes de nibong. Une cloison en atapes le séparait en deux pièces d'égale grandeur. L'une, ouverte à tous les vents, formait véranda. L'autre se subdivisait en trois parties : l'oratoire occupait au milieu un espace de dix pieds de côté; une cloison mobile permettait de le mettre en communication avec la véranda, où se tenaient les fidèles durant les offices. D'un côté de l'oratoire, une pièce de cinq pieds sur dix servait de sacristie et de salle à manger; de l'autre, un espace égal formait la chambre à coucher.

On voit que le luxe n'avait pas de place dans ce pavillon malais, qui servit d'église et de presbytère pendant plus de deux ans. Après trois mois de travail, au commencement du mois de juin, les colons avaient couché par terre les arbres de soixante acres de forêt[1]. Ils y mirent le feu, puis reprirent la hache pour couper ce que l'incendie avait épargné. Mais l'enthousiasme du premier jour n'existait plus, la moitié des travailleurs manquait à l'appel sous un prétexte ou sous un autre. Le P. Fée prit donc le parti de faire sans plus tarder le partage des terres. Il mesura à la hâte le terrain défriché, releva le compte des jours de travail fourni par chacun et, la corde d'arpenteur en main, assigna à chacun un lot proportionné à son travail.

La belle chose que d'être propriétaire, quoi qu'en disent les communistes ! Dès le lendemain, tous les hommes étaient à leur poste avant le jour, plus de traînards, plus de retardataires, les malades mêmes furent guéris comme par miracle.

Bref, en moins de quinze jours, le terrain était relativement déblayé et put être ensemencé. En attendant que Dieu fît germer, croître et mûrir la moisson, la plupart des colons se dispersèrent pour chercher du travail au dehors et gagner leur vie. Quelques-uns seulement restèrent pour garder les établissements.

Au mois de septembre, une plaine verdoyante remplaçant

[1] Vingt-cinq hectares.

l'ancienne forêt charmait l'œil des colons et réjouissait leur cœur en leur faisant espérer une belle récolte. Pourtant les épreuves ne manquèrent pas : les éléphants firent de la rizière le but ordinaire de leurs promenades et aussi de leurs déprédations. Les plus belles touffes de riz étaient rasées par leur trompe comme avec une faucille. Ce qui échappait était broyé sous leurs énormes pieds. On eut beau réquisitionner tambours et trompettes, fusils et pétards, casseroles, boîtes à pétrole et autres armes de guerre; l'ennemi, qui avait reculé d'abord devant ce tintamarre infernal, s'y habitua, et il fallut lui faire une chasse en règle. A l'aide de cordes et de rotins, les colons construisirent à la lisière de la forêt, sur des arbres, un observatoire où s'installèrent quatre ou cinq des plus intrépides. Ils étaient armés de deux fusils et d'une lanterne qu'ils ne devaient découvrir qu'en cas de danger. La première nuit, onze coups de feu furent tirés. Malgré l'anxiété, il fallut attendre le matin pour avoir des nouvelles. Nos braves sortirent alors sains et saufs de leur embuscade. Ils contèrent que, durant la nuit, un éléphant s'était montré sortant de la forêt et venant dans leur direction. Un premier coup de fusil le fit s'arrêter; il en reçut sans bouger un certain nombre d'autres jusqu'à ce que, piqué sans doute par une balle mieux dirigée, il s'élança avec rage dans la direction des tireurs; la lanterne fut alors découverte et balancée dans l'espace au bout d'une corde; devant cette apparition, l'animal tourna les talons et alla passer sa colère sur les arbres de la forêt.

L'histoire était peut-être vraie, peut-être... Quoi qu'il en soit, les éléphants jugèrent que la prudence est mère de la sûreté et ne se montrèrent plus guère. Quelques mois après, les colons trouvèrent dans la forêt la carcasse d'un jeune éléphant. Ils ne manquèrent pas de reconnaître celui qu'ils avaient fusillé.

Malgré ces épreuves et ces misères, la colonie continua à marcher lentement mais sûrement; les limites de la forêt reculèrent petit à petit, les lots commencés l'année précédente s'allongèrent, de nouveaux furent entamés. Hélas! au mois de novembre, une nuée de rats s'abattit sur les rizières et, en moins de quinze jours, en dévora une grande partie.

On eut raison des rats comme on avait eu raison des

éléphants, et la récolte fut suffisante pour empêcher les travailleurs de mourir de faim.

L'année 1884 fut plus mauvaise. Miné par la fièvre, le P. Fée avait été obligé de s'éloigner momentanément de la colonie naissante. Laissés à eux-mêmes, les colons se trouvèrent en retard pour planter, et une sécheresse extraordinaire dans la presqu'île de Malacca fit périr presque tout le riz nouvellement planté. Il fallut arrêter le défrichement et chercher les moyens de ne pas mourir de faim. Quelques colons prirent du travail au dehors, les autres semèrent du millet, du maïs ou d'autres menus grains pour suppléer au riz. Tous eurent plus ou moins besoin d'être assistés, et le missionnaire s'endetta.

Cependant cette troisième année, si désastreuse au point de vue matériel, fut consolante sous un autre rapport. Quelques-uns des premiers colons, convertis du paganisme, réussirent à amener des Indes leurs familles païennes. Arrivés ici en pays chrétien, débarrassés d'un milieu infidèle, ces braves gens ne tardèrent pas à s'instruire et devinrent de fervents néophytes. Le mouvement a continué depuis, si bien que tels, qui au commencement se trouvaient les seuls chrétiens de leur famille, se voient maintenant à la tête de dix ou douze ménages comptant vingt-cinq à trente âmes et plus.

Dans le même temps le gouvernement de Perak, désireux de favoriser la colonisation du pays par les Indiens, fit des avances qui permirent d'implanter dans le courant de 1885 une trentaine de nouvelles familles. Les nouveaux venus, sortis de l'Inde aux plaines dénudées, se trouvèrent d'abord tant soit peu dépaysés au milieu de nos forêts; quelques-uns prirent peur et désertèrent; mais la plupart tinrent bon et ne tardèrent pas à devenir des bûcherons de premier ordre. Cependant le défrichement, arrêté en 1885, ne put être repris qu'en 1888. Les deux années précédentes ayant été très pluvieuses, la forêt se changea en marécage et tout travail devint impossible. L'année 1889 fut meilleure; les colons purent, à la saison sèche, ouvrir à travers la concession une route ou plutôt un sentier d'un mille et demi le long duquel soixante lots furent mesurés et en partie défrichés. De sorte que le terrain en culture était à cette époque d'environ quatre cent cinquante acres. A ce moment, l'état de la colonie de Sousey-Paléam se chiffre :

    Nombre de familles. 105
    Population. 450
    Baptêmes 180
    Mariages 49
    Enfants fréquentant les écoles . . . 70
    Terrain en culture . . . . 450 acres.

Passons maintenant à un autre pays.

L'évangélisation des sauvages bahnars qui habitent dans les montagnes et les forêts de l'ouest de l'Annam mérite d'être résumée.

Elle a été longuement racontée par un missionnaire, le P. Dourisboure, qui se rendit en cette lointaine contrée avec un autre prêtre, le P. Desgouts.

Le charme et la sécurité de la route qu'ils suivirent avaient été définis par le guide des premiers missionnaires :

« Je ne connais pas de route plus difficile, mais les tigres et les éléphants auront plus pitié de nous que nos frères les hommes. »

Après cinq semaines de voyage, ils arrivèrent chez les PP. Combes et Fontaine, et, à leur vue, la première parole du P. Dourisboure étonné fut celle-ci :

« Comment ! c'est vous qui êtes le P. Combes ! ce n'est pas possible ! »

Hélas ! c'était bien lui, mais usé déjà par la fièvre des bois, cette reine impitoyable des pays sauvages. Encore était-il debout : le P. Fontaine était couché sans force sur sa natte, d'où il ne devait guère se relever que pour retourner en Cochinchine.

Ils n'avaient converti personne, ils n'étaient reçus dans aucun village, ils étaient traités comme des criminels, tout au moins comme des suspects. Et depuis une année ils étaient là, dans une petite hutte de feuilles qu'ils avaient construite eux-mêmes, grelottant de fièvre, n'ayant d'autre nourriture que du riz sec, des herbes et des racines trouvées à grand'peine dans la forêt. Ils seraient fidèles au poste cependant, et Dieu finirait par exaucer leur persévérance ; d'ailleurs, il leur restait de pouvoir mourir.

Tout ému de ces récits, mais vigoureux et résistant, ayant au cœur ces belles envolées d'espoir si faciles à la jeunesse et à la force, le P. Dourisboure se jeta dans les bras de ses confrères, murmurant avec un sourire cette noble et touchante parole de poète : « Nous souffrirons ensemble et nous souffrirons moins. »

Elles furent dures pourtant ces souffrances, quoique supportées ensemble, aux portes du petit village de Ko-Lang, et aucun récit ne vaudrait celui-ci, bien doucement écrit :

« ... Nous étions d'ordinaire étendus, chacun sur sa natte, aux quatre coins d'un foyer creusé au milieu de la cabane. Ceux que l'accès de fièvre avait saisis se débattaient avec lui comme ils pouvaient ; les autres, qui avaient un moment de relâche, priaient, riaient, chantaient des cantiques, entretenaient conversation ou fumaient la pipe. Pendant le jour, ceux que la fièvre laissait en repos pour le moment, allaient chercher dans la forêt des pousses de bambou, de la fougère tendre ou d'autres herbes bonnes à manger ; rentrés au logis, ils les faisaient cuire dans une marmite de terre, pour servir d'assaisonnement au *riz qui constituait notre seule nourriture.* Un jour, nous fîmes fête. Un de nos Annamites avait pris dans le ruisseau un poisson gros comme une sardine ; ce fut un événement. M. Combes, en qualité de supérieur, le partagea en quatre portions égales, et chacun de nous plaça solennellement un pouce de poisson dans son écuellée de riz. En revanche, il nous est arrivé de jeûner complètement, faute de quelqu'un pour cuire le riz, tout le monde étant malade à la fois. »

Et le dernier mot de ce grand courage, de cette patience héroïque, le mot qui revient sans cesse sous une forme ou sous une autre, comme le refrain chanté par chaque battement de cœur :

« Nos misères étaient des misères bien-aimées, car le Seigneur Jésus les parfumait d'une inappréciable douceur. »

Cependant les semaines et les mois s'écoulaient et la situation ne changeait pas.

Moins affaibli que ses compagnons, le P. Dourisboure partit avec le P. Combes pour explorer le pays ; ils réussirent à obtenir un petit terrain à Kon-Co-Xam ; à Ro-Hai, ils achetèrent une maison qui leur coûta cinq francs, puis ils trouvèrent un protecteur dans un chef sauvage, Amur, qui plus d'une fois interposa son autorité pour empêcher leur expulsion ou sauver leur vie.

Ils commencèrent alors à défricher les forêts; ensuite, sur l'ordre de Mgr Cuénot, le P. Dourisboure alla s'établir dans la tribu des Sé-Dang, à Kon-Trang, centre du commerce entre les Ro-Ngao, les Sé-Dang et les Laociens.

Sa première joie fut un baptême d'enfant : c'était le 1er janvier, il était triste, il sentait son âme s'affaisser sous la croix plus lourde, lorsque, voyant les sauvages se précipiter sur un même point, il demanda quel était l'objet de leur curiosité : « Un enfant qui va mourir, » lui répondit-on. Rapide comme la pensée, il saisit une gourde pleine d'eau et court baptiser le petit moribond. Et tout de suite son âme redevient chantante, son sort l'enthousiasme, il plaint ceux dont la vie ne ressemble pas à la sienne. Oh! célestes allégresses, quelle suavité merveilleuse vous répandez dans le cœur de l'homme! de quelles chaudes et resplendissantes clartés vous l'illuminez et le fortifiez!

Pourtant ce ne fut pas et ce ne pouvait être le plus grand bonheur du missionnaire.

Un baptême d'enfant ne fonde pas une chrétienté, les conversions d'hommes faits sont nécessaires, elles étaient le but ardemment poursuivi; ce but fut atteint le 16 octobre. En ce jour qui peut être regardé comme la date de la fondation de la mission des sauvages, le P. Dourisboure baptisa ses deux premiers catéchumènes, deux jeunes gens, Joseph Ngui et Jean Pat.

Trois ans s'étaient écoulés depuis son arrivée au pays des sauvages; en ces trois ans, il avait baptisé deux païens; deux mois plus tard, le P. Combes en baptisa un, Mur, le chef de Kon-Ko-Xam. Telle est la naissance des églises, dure et lente, subissant, comme tout changement, la loi de la préparation, comme tout enfantement, celle de la douleur.

Ce n'était pas encore les grands succès rêvés, et les missionnaires durent traverser encore bien des heures sombres et supporter de rudes assauts.

La défiance des sauvages ne s'affaiblissait que lentement,

les missionnaires se heurtaient presque partout à une hostilité aussi tenace qu'au début; en vain s'étaient-ils montrés doux et résignés, en vain avaient-ils convaincu de calomnie leurs accusateurs et donné, au temps de la disette, leur vie et leur argent; rien n'avait éclairé les esprits ni adouci les cœurs.

Dans ses courses à la recherche des âmes, le P. Dourisboure était exposé aux mêmes affronts.

Un jour, il avait entrepris une excursion lointaine, il marchait depuis le matin dans les grandes herbes et la boue des marais, il était cinq heures du soir, il avait faim, il avait soif, et sur sa route il ne trouvait ni une source, ni un grain de riz ou de maïs. Enfin il aperçut la hutte d'un sauvage, il s'approcha et demanda humblement un verre d'eau.

Une femme parut sur le seuil et refusa brusquement, le chassant avec un geste de menace. Le missionnaire courba la tête et continua sa route.

La fièvre le prit, ses jambes tremblèrent refusant de le porter; il s'égara, essaya de grimper sur un arbre afin de s'orienter, il n'en eut pas la force. Haletant, il s'arrêta pour écouter; rien, aucun bruit humain ne lui indiquait vers quel point se diriger. Partout le grand silence de la forêt, à peine troublé par la chute de quelques feuilles « et par les tourterelles qui roucoulaient leur prière du soir ». La nuit vint et, à cette date, son journal de souvenirs porte cette page que l'âme pieuse et vibrante de l'apôtre semble avoir empruntée à saint François d'Assise:

« Il y avait à côté de moi un arbre déraciné et couché par terre, je m'assis tout auprès. Si j'avais au moins, pensai-je, un peu de feu pour sécher mes habits et empêcher mon corps en sueur de se glacer! Oh! mon Dieu! mon Dieu! si j'avais un peu de feu! Dans ma hotte se trouvaient mon bréviaire, ma pipe, mon briquet et un petit morceau d'amadou. Je ramassai avec soin quelques feuilles sèches, je les broyai bien menu et, tremblant de ne pas réussir, car j'étais encore novice dans le métier; je battis le briquet: l'amadou prit feu, mais il était en trop petite quantité et il se consuma avant d'avoir pu communiquer le feu à mes feuilles. Avec la dernière étincelle s'évanouit ma dernière espérance. Alors en voyant que tout me faisait défaut, je ne sais quel transport de joie surnaturelle s'empara de tout mon être. Ne pouvant contenir mon bonheur, je me levai et me mis à chanter de toutes mes forces :

>Bénissons à jamais
>Le Seigneur dans ses bienfaits !

et les échos répétèrent : « A jamais... ses bienfaits. » J'invitai tous mes compagnons de la forêt, les animaux sauvages, à s'unir à moi pour louer Dieu, parce que sa miséricorde est éternelle. Ah ! mon Dieu ! répétai-je plusieurs fois, dans cet absolu dénuement, me reconnaissez-vous un peu pour votre missionnaire ? »

Au milieu de ces souffrances dont nous pouvons à peine ébaucher le tableau, les années passaient, tous les compagnons de l'apôtre mouraient ou retournaient en Cochinchine pour ne plus revenir. Il n'avait plus avec lui qu'un prêtre annamite ; n'importe, il ne se décourageait pas.

Il exécuta alors sur une plus large échelle un plan d'évangélisation simple et pratique qu'avait déjà tenté M. Combes, qui n'eût pas été bon en Annam, mais qui était excellent chez les Bahnars.

Ce plan tient dans une ligne : fonder des villages exclusivement composés de chrétiens. Le P. Dourisboure commença à l'exécuter en 1865.

Groupant les fidèles éparpillés au milieu des hameaux païens, il les conduisit dans un terrain bien choisi, les y installa, leur fournit des pioches, des charrues, des buffles, des semences, leur apprit à cultiver avec soin et méthode, les obligea à conserver des provisions pour les jours de disette, en un mot, il les civilisa en les christianisant de plus en plus.

Le plan réussit ; depuis lors, il fait loi ; il a valu au P. Dourisboure le titre de fondateur de la mission des Bahnars.

Mais, pour connaître la valeur d'un homme, il ne suffit pas de savoir ce qu'il fait, il est nécessaire de savoir avec quoi il le fait.

Le P. Dourisboure évangélisait des sauvages, c'est-à-dire de grands enfants défiants, hostiles, légers, inconstants, orgueilleux, d'une ignorance absolue, d'une culture intellectuelle nulle.

Pour s'imposer à eux, les amener à croire en sa parole, il avait, avec la grâce de Dieu, le don rare et superbe d'une inébranlable volonté. L'arme est de bonne trempe, combien la possèdent?

La volonté n'est cependant pas tout le secret de son succès final, il faut y ajouter sa robuste constitution capable de supporter les maladies qui tuaient les autres.

Cependant, si la souffrance ne le brisait pas, elle paralysait son action et aggravait les difficultés. Souvent la fièvre des bois le surprenait en plein voyage et le forçait d'attendre, loin de tout secours humain, la fin de la crise ou la mort; d'autres fois, elle le clouait sur sa natte, dans sa cabane que partageait le P. Besombes, nouvellement venu, et il arriva un jour que les deux missionnaires, après s'être confessés et s'être mutuellement administré l'extrême-onction, retombèrent l'un près de l'autre sans connaissance.

N'est-ce point là, en vérité, le sommet de la souffrance et du délaissement?

L'austère grandeur de cette scène défie toute description; un peintre pourrait seul la représenter avec le double sentiment d'angoisse et d'admiration qu'elle provoque.

Deux Français, deux prêtres jeunes encore, hâves, décharnés, mourants, penchés l'un vers l'autre pour se donner une suprême absolution; autour d'eux, des sauvages muets d'étonnement devant la mort de ces étrangers, vénérés ou haïs, mais toujours redoutés, et appendu, au treillis de la hutte de bambou, expliquant le tableau, l'éclairant plutôt, le crucifix des missionnaires.

Assurément, ce n'était pas ce martyre que les vingt ans du P. Dourisboure avaient rêvé; mais c'était bien le martyre sans éclat, sans cangue, sans rotin, sans tortures et sans effusion de sang, martyre non moins douloureux cependant et beaucoup plus prolongé.

Quinze années s'écoulèrent; nous ne les raconterons pas: elles ressemblent, mais en mieux, aux premières, elles sont moins douloureuses et plus fécondes. Un millier de sauvages embrassèrent le christianisme; leur vieux missionnaire devint leur grand chef, presque leur roi, jugeant les procès, empêchant les guerres, fondant des villages, fixant les lois.

Dès missionnaires plus jeunes sont allés remplacer le vieillard, mort en 1885, et l'un d'eux, le P. Guerlach, écrivait en 1896 cette histoire de la conversion d'un village qui nous montrera le genre d'évangélisation de ceux qu'à juste titre on a appelés de grands enfants.

Il s'agit de la conversion du village de Kon-Long-Buk (village du Bois-Pourri).

« J'avais, dit le P. Guerlach, envoyé le catéchiste de Kon-Seum-Lonh avec mission d'interroger les chefs de Kon-Long-Buk et leur demander s'ils voulaient embrasser notre sainte religion. La réponse fut courte, mais catégorique : « Jamais ! » Huit jours plus tard, je chargeai un jeune chrétien de Kon-Seum-Lonh de se rendre auprès d'eux avec une médaille et une brasse de cotonnade à fleurs. La médaille devait être adroitement glissée dans le panier des fétiches à la maison commune; quant à l'étoffe de couleur, mon messager en ferait cadeau aux chefs du village. S'ils acceptaient, ils seraient décidés à se convertir; s'ils refusaient, le jeune chrétien laisserait la toile de coton à la maison commune et dirait aux chefs de me la rapporter. Je voulais, à tout prix, avoir l'occasion de prêcher ces païens tout à mon aise et avec des arguments *ad hominem*.

« Le messager, malgré sa bonne volonté, ne put pas arriver jusqu'au village; les habitants lui barrèrent la route, et l'entourèrent en poussant le cri d'alarme. Le jeune chrétien ne parvint pas à déballer la fameuse brasse d'étoffe qu'il avait soigneusement enroulée dans son pagne; il fut obligé de me la rapporter lui-même, tout honteux de n'avoir pas réussi.

« Pour s'épargner une nouvelle visite de ce genre, les gens de Kon-Long-Buk menacèrent de recevoir à coups de bâton celui qui viendrait désormais leur proposer de se convertir. Ils voulaient même infliger de l'amende aux gens de Kon-Dop qui passaient pour être les instigateurs du mouvement.

« Comme on le voit, les dispositions des habitants de Kon-Long-Buk ne nous étaient pas le moins du monde favorables; mais j'en avais vu bien d'autres. Sans me décourager, je fis prier mes chrétiens et je redoublai d'instances auprès de Notre-Dame de Lourdes; puis je me rendis à Kon-Tiang. Après deux heures de discussion amicale, les habitants de ce village se rendirent de bonne grâce, et j'enlevai leurs fétiches. J'avais fait dire aux gens de Kon-Long-Buk que j'irais chez eux le même jour, après avoir « décroché » tous les diables de Kon-Tiang. Voulant m'épargner une course inutile et surtout m'empêcher d'aller chez eux, ils prirent le parti de se rendre auprès de moi, me firent mille protestations d'amitié et de dévouement, mais refusèrent net de se convertir et me prièrent de ne pas me déranger. Un des grands arguments qu'ils invoquaient, c'est qu'une fois chrétiens, ils ne seraient plus libres de faire des razzias chez leurs voisins.

« C'est bien, leur répondis-je, vous me demandez de ne pas monter chez vous aujourd'hui, j'accède à vos désirs et je vais retourner à Kon-Dop; mais dans huit ou dix jours j'irai vous voir.

« — Nous n'avons pas de vin à vous offrir.

« — Tant mieux! J'en suis bien content. Vous savez d'ailleurs que je n'en bois jamais.

« — Grand Père, ne venez pas, c'est inutile.

« — Ah! vous me refusez l'entrée de votre village. Pourquoi? Nous sommes cependant bons amis, vous et moi. Quand vous venez dans mes chrétientés, je vous reçois très bien; pourquoi ne voulez-vous pas me recevoir?

« — Oh! si vous voulez venir pour vous promener, pour nous honorer d'une simple visite, nous ne demandons pas mieux. Nous vous tuerons un cochon et une poule, et nous trouverons bien quelques jarres de vin pour les sauvages qui vous suivront.

« — Gardez votre cochon et vos poules; ce que je veux ce sont vos fétiches. Je suis envoyé par Dieu pour vous prêcher la religion; il faut bien que je remplisse ma mission, le diable n'y peut rien.

« — Nous le savions, c'est cela que vous voulez; mais nous ne savons pas prier.

« — Je vous apprendrai; je suis venu pour cela.

« — Quand nous buvons, nous nous enivrons souvent; et vous le défendez aux chrétiens.

« — Ce n'est pas moi qui le défends, c'est le bon Dieu. Du reste, l'ivresse est aussi bien interdite aux païens qu'aux chrétiens, et le maître du Ciel la punit également chez les uns et chez les autres. »

« Après une assez longue discussion, dont je vous fais grâce, je pris congé des gens de Kon-Tiang et de Kon-Long-Buk, en disant à ces derniers : Au revoir, à bientôt !

« Le soir même, ils me faisaient annoncer par le catéchiste de Kon-Dop que, ne pouvant avoir le dernier mot avec moi, ils me priaient de venir chez eux dans onze jours : « ils auraient « du vin » (sic). Les habitants de Kon-Tiang m'avaient offert un porc et quelques jarres de vin. J'organisai une petite fête à laquelle prirent part les païens de Kon-Long-Buk envoyés pour me faire rebrousser chemin. Ces braves députés se payèrent à mes frais une sérieuse bombance.

« — Enivrons-nous encore une fois, ce sera la dernière, disaient-ils entre eux ; bientôt nous nous convertirons, et le Père ne nous permettra plus de boire à notre soif. »

« Le programme fut fidèlement rempli ; les gens de Kon-Long-Buk laissèrent tous plus ou moins leur raison au fond de la jarre. Plaise à Dieu que ce soit bien la dernière fois ! »

De nombreux postes ont été établis chez les sauvages Bahnars, et aujourd'hui l'on y compte plusieurs milliers de chrétiens qui n'ont pas encore acquis toutes les qualités et toutes les vertus, mais qui peu à peu finissent, à force de soins persévérants, par comprendre la dignité de la vie chrétienne.

VIII

L'EXPÉDITION DU TONKIN ET LES MASSACRES

L'expédition du Tonkin, amenée par la mauvaise foi annamite bien plus que par l'esprit de conquête de la France, commença en 1882.

Le 26 mars, le commandant Rivière fut envoyé à Hanoï avec deux navires de guerre et quatre cents hommes; comme autrefois Francis Garnier, il ne tarda pas à conclure, en face des vexations et de l'attitude des mandarins, qu'il fallait s'établir par la force, et le 25 avril 1882 il s'empara de la citadelle. Ce coup de main retentit au loin, et la Chine résolut d'entrer en ligne, au moins secrètement.

Au Yun-Nan, l'effervescence populaire, excitée par le gouverneur Tsen-Ta-Jen, se déchaîna contre les missionnaires et les chrétiens; une bande de trois cents hommes, commandés par les lettrés, massacra le P. Terrasse [1] (28 mars 1883). La paroisse tout entière de Tchang-Yn fut dévastée; le lendemain et les jours suivants, les paroisses voisines eurent leur tour, le pillage fut général et les meurtres nombreux.

Cependant, malgré sa haine contre les Européens, le gouverneur du Yun-Nan, redoutant de se compromettre, arrêta ces scènes d'horreur; s'il avait entrevu l'avenir, peut-être se serait-il

[1] Du diocèse du Puy, parti en 1874.

moins hâté. Un mois et demi s'était à peine écoulé que le commandant Rivière, qui s'était emparé de Nam-Dinh après avoir pris Hanoï, succomba dans une sortie contre les Pavillons-Noirs, le 19 mai.

Vingt-quatre heures après, un missionnaire du Tonkin occidental, M. Béchet[1], fut décapité avec des catéchistes et des chrétiens.

La persécution sembla devoir s'étendre dans tout l'Annam. Il fut question, dans le conseil royal, d'un massacre général des prêtres et des chrétiens. Le roi Tu-Duc s'y opposa. Ce fut un de ses derniers actes, car il mourut le 17 juillet, après trente-cinq ans d'un règne souvent criminel et toujours malheureux.

Les Annamites attendirent les événements, et la France, profondément émue de la mort de Rivière, envoya des renforts considérables. Le général Bouët prit le commandement du corps expéditionnaire, l'amiral Courbet de la division navale, et le docteur Harmand fut nommé commissaire général de la République au Tonkin, avec ordre d'établir notre administration et notre protectorat à mesure que l'armée ferait la conquête du pays.

Diverses opérations militaires eurent lieu : la principale fut le bombardement des forts de Thuan-An et la prise de Hué, à la suite desquelles un traité de paix fut signé le 25 août. Mais la Chine, loin de rappeler ses bandes irrégulières, les laissa agir au Tonkin, et, comme si ce pays était sous sa dépendance, elle les renforça par des soldats de l'armée régulière.

Avec ces troupes qui traversaient les provinces chinoises limitrophes du Tonkin, l'agitation devint plus vive. Deux missionnaires du Kouang-Si furent frappés et menacés de mort.

En Annam, des événements très graves se multiplièrent. Hiep-Hoa, successeur de Tu-Duc, fut détrôné par ses deux principaux ministres, Tuong et Tuyet, et remplacé, en décembre 1883, par un jeune homme de seize ans, Kien-Phuoc.

Sous son gouvernement le projet de massacrer tous les chrétiens fut de nouveau mis en délibération, et il reçut un com-

---

[1] Du diocèse de Lyon, parti en 1881.

mencement d'exécution. Dans les environs de Hué, quatre paroisses furent détruites, une cinquantaine de chrétiens décapités, un prêtre indigène massacré. La prise de Son-Tay, 14 et 15 décembre, vint encore exciter la colère des ennemis de la France et des chrétiens; de Hué arriva au Tonkin l'ordre de massacrer les missionnaires et leurs néophytes. Les bandes,

Son-Tay. — Pont de la porte sud de la citadelle.

dispersées dans la province de Thanh-Hoa, obéirent à cet appel. Elles avaient déjà ravagé les provinces de Son-Tay et de Nam-Dinh, où plus de cent chrétientés avaient été ruinées. Elles coururent à une besogne plus facile et se dirigèrent vers le Laos, qu'évangélisaient sept missionnaires envoyés par Mgr Puginier. En passant à Nhan-Lo, les brigands massacrèrent le prêtre indigène, ses catéchistes et cent soixante chrétiens; puis ils s'enfoncèrent plus avant dans l'intérieur du pays. Le 6 janvier 1884, à Ban-Pong, ils massacrèrent trois missionnaires : Pierre Gélot[1], Étienne Rival[2] et Eugène Manissol[3]; le 9 janvier, à Muong-Deng, deux autres missionnaires : Joseph Séguret[4] et Charles Antoine[5]; et trois mois plus tard, le 9 avril, un autre missionnaire : André Tamet[6], qui avait jusque-là réussi à se soustraire à leurs recherches. Un seul prêtre échappa au massacre, M. Pinabel[7]. De nombreuses paroisses furent détruites, des églises brûlées, des centaines de chrétiens massacrés; des milliers de néophytes se jetèrent dans les forêts pour échapper à la mort. Et, sous le coup de ces douleurs multipliées, Mgr Puginier écrivait en toute vérité :

« Que de fois j'ai pensé au saint homme Job dans son épreuve, car comme à lui m'arrivent, sans discontinuer, des messagers de nouveaux malheurs! »

En apprenant cette terrible épreuve qui frappait la mission du Tonkin occidental et la Société des Missions Étrangères, le souverain pontife, Léon XIII, écrivit au supérieur du séminaire des Missions ces paroles de foi et d'espérance :

« Nous avons éprouvé une peine profonde, cher fils, en mesurant l'étendue des pertes que vient de subir, par la mort de ces vaillants propagateurs du royaume de Jésus-Christ, la phalange des missionnaires par vous envoyés pour porter le flambeau de la foi parmi les nations infidèles. Toutefois nous estimons que ce ne sont pas des larmes, mais des louanges et des acclamations qu'il faut donner à ceux qui ont glorieusement terminé leur carrière en combattant le bon combat du Christ. Nous avons, en effet, la ferme confiance qu'ils ont déjà reçu la couronne de l'immortelle vie, qu'ils se souviendront auprès de Dieu de ceux qui gémissent encore dans la tribulation, et qu'ils obtiendront, par leurs prières, protection et salut à leurs frères, grâce et secours à ceux qu'ils ont enfantés à Jésus-Christ. »

Pendant ces désastres, nos diplomates continuaient de signer des traités et nos soldats de remporter des victoires. Bac-Ninh fut occupé, puis Kep, Thai-Ngjuyen, Hung-Hoa. M. Patenôtre

---

[1] Du diocèse de Luçon, parti en 1867.
[2] Du diocèse de Lyon, parti en 1879.
[3] Du diocèse de Lyon, parti en 1883.
[4] Du diocèse de Rodez, parti en 1880.
[5] Du diocèse de Saint-Dié, parti en 1882.
[6] Du diocèse de Lyon, parti en 1881.
[7] Du diocèse de Coutances, parti en 1870, mort le 3 juillet 1885.

remplaça M. Tricou dans ses fonctions de ministre plénipotentiaire. Le régent Ngjuyen-Van-Tuong acquiesça à toutes les demandes et promit de donner une indemnité aux missionnaires et aux chrétiens, et d'amnistier les mandarins qui avaient servi la France. Le 2 juin 1884, il signa un traité qui semblait établir la paix.

La Chine, de son côté, avait, le 11 mai précédent, conclu

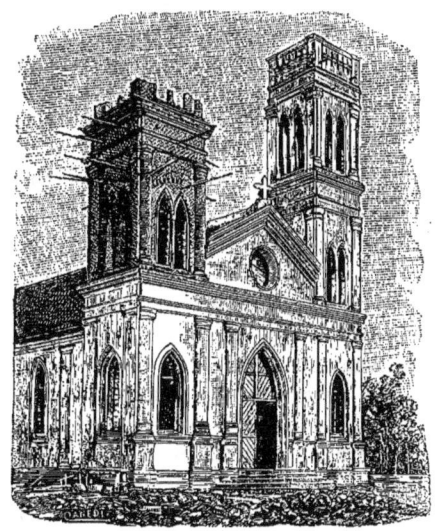

Église de Son-Tay.

une convention avec le capitaine de vaisseau Fournier. Tout semblait donc arrangé; en réalité, les Annamites et les Chinois trompaient les Français, comme le prouva le guet-apens de Bac-Lé (24 juin 1884). La guerre recommença, et cette fois la France s'attaqua directement à la Chine; l'amiral Courbet bombarda Fou-Tcheou, les forts de la rivière Min et anéantit la flotte ennemie.

L'émotion causée par ces victoires se répandit dans l'Empire avec la rapidité de la foudre et y excita naturellement la plus furieuse colère. A Canton, la foule se rua contre les établissements de la mission, et les autorités ordonnèrent au vicaire apostolique et aux missionnaires de quitter la ville et la province; au Kouang-Si, les missionnaires furent également expulsés; au Kouy-Tcheou, de nombreuses églises furent pillées, des orphelinats saccagés, des paroisses détruites.

A Ing-Tse, en Mandchourie, la population voulut incendier l'église et les établissements chrétiens. Heureusement le gouverneur de Moukden, qui arriva bientôt, fit immédiatement placarder un édit, et, de concert avec lui, le Tao-Tai prit des précautions pour calmer l'effervescence; à la demande du consul anglais, M. Gardener, cinquante soldats furent postés pour garder la concession européenne et disperser les rassemblements.

Le Su-Tchuen et le Yun-Nan furent heureusement moins agités, sans être complètement préservés. En face de tant de malheurs, le souverain pontife prit en main la cause des chrétiens de Chine et députa un envoyé spécial porter une lettre à l'empereur. Le Tsung-Li-Yamen répondit en termes respectueux au Père commun des fidèles, l'impératrice régente donna un édit prescrivant de traiter les catholiques avec autant de bienveillance que les autres sujets; mais le mal commis ne fut pas réparé, et les missionnaires, pour rentrer dans leurs postes, durent attendre des jours meilleurs.

La mission du Cambodge eut également à souffrir : le gouverneur de Cochinchine, M. Thomson, ayant cru le moment favorable pour s'emparer de l'ancien royaume des Khmers, la révolte répondit à cet acte de conquête, et un missionnaire, M. Guyomard, fut massacré à Tra-Ho le 30 janvier 1875; d'autres missionnaires et beaucoup de chrétiens furent obligés de s'enfuir devant les rebelles.

Ainsi, des frontières du Cambodge à celles de la Tartarie, c'était partout la lutte, le ravage, la confiscation, l'incendie, l'exil, l'emprisonnement, la mort.

Au Tonkin les opérations militaires se continuaient, Lang-Son était pris le 13 février et Dong-Dang le 22. Mais le 28 mars les Chinois ayant repris l'offensive, Lang-Son fut abandonné. Déjà à ce moment le Tsung-Li-Yamen, inquiet des victoires de l'amiral Courbet aux Pescadores et à Formose, avait accepté les conditions posées par le gouvernement français et avait donné à son mandataire l'autorisation de signer immédiatement le protocole; le 4 avril, les préliminaires de la paix furent signés à Paris; le 9 juin, le traité définitif avec la Chine fut conclu à Tien-Tsin, et, le 11 juin 1885, il fut ratifié par décret impérial.

Mais les Annamites n'avaient pas désarmé, bien au contraire, et de son côté, après le soi-disant échec de Lang-Son, la France s'était résolue à une action plus énergique.

Hélas! de tristes jours se préparaient.

Le général de Courcy, parti pour Hué avec une nombreuse escorte, fut attaqué la nuit même de son arrivée (5 au 6 juillet) par une armée de trente mille hommes. Cette trahison échoua grâce au courage de nos troupes. Mais, le lendemain, le roi Ham-Nghi, le nouveau successeur de Kien-Phuoc, et le deuxième régent, Tuyet, prenaient, avec leurs soldats, la route de Camlô. Le premier régent, Ngjuyen-Van-Tuong, restait à la capitale, comptant sur sa fourberie, qui jamais ne lui avait fait défaut, pour tromper les Français.

Les missionnaires, soupçonnant la trahison et craignant d'immenses malheurs, avertirent les autorités françaises.

Deux d'entre eux partirent pour Hué et voulurent prévenir le général de Courcy. Les mandarins avaient pris leurs précautions.

« Il y a eu des troubles, avaient-ils dit, quelques chrétiens ont été massacrés; maintenant la plus grande tranquillité règne. »

Il fut donc répondu aux missionnaires qu'ils pouvaient rentrer dans leurs districts; le ministre annamite, Tuong, veillait et répondait de l'avenir. Cet avenir, voici ce qu'il fut, le plus sanglant qu'enregistrent les annales des Missions.

Sur l'ordre de Tuyet, auquel obéissaient les mandarins et les lettrés, les six provinces de la mission de Cochinchine orientale se levèrent en masse contre les chrétiens. Ce ne fut plus quelques bandes opérant isolément sur un point déterminé, mais des milliers et des milliers d'hommes qui, aidés des soldats de l'armée régulière, enveloppèrent les villages catholiques, frappant partout, sans distinction d'amis ou de parents, de femmes ou d'enfants, de fugitifs ou de combattants. Il y eut des hommes enterrés vivants, des femmes éventrées, des enfants précipités à la mer avec une pierre au cou, après qu'on leur eut coupé le nez, les lèvres et les mains. D'autres furent jetés dans les rivières, attachés vivants à des bananiers, afin de les empêcher de couler trop vite à fond; d'autres brûlés vifs, d'autres coupés en morceaux.

Huit missionnaires furent massacrés. Le premier, le P. Poirier[1], avait vu sa paroisse de Ban-Goi cernée dans la nuit du 14 au 15 juillet; le 16, il célébra la messe à deux heures du matin et y communia tous ses chrétiens. Ce fut le viatique des martyrs.

Le prêtre était rentré dans sa maison, proche de l'église, et ses chrétiens étaient réunis dans la cour quand, au petit jour, retentirent les hurlements des bandits et le son lugubre des tambours et des tam-tam battant la guerre. Tous les fidèles se jetèrent à genoux en s'écriant:

« Ah! Père, les voilà qui viennent nous massacrer!... Mon Dieu! Jésus! Marie! Joseph! »

Le prêtre leur donna une absolution générale; puis il se mit à genoux, se tourna vers son petit autel, et, les yeux levés vers l'image du Sauveur, il attendit en priant.

Les égorgeurs font irruption dans le jardin de l'église, en poussant de sauvages clameurs. Les chrétiens se sauvent de tous côtés; partout ils sont repoussés, alors ils se précipitent dans l'église. Les païens vont droit au presbytère sans toucher aux chrétiens. Le P. Poirier est toujours à genoux; tourné vers l'autel, il ne fait aucun mouvement, et son regard reste attaché à l'image sainte.

Deux coups de fusil le font tomber: aussitôt les ennemis se jettent sur lui, ils le frappent, lui arrachent la barbe; l'un d'eux lui tranche la tête, pendant qu'un autre lui fend la poitrine.

Le même jour, le P. Guégan[2], un ancien engagé dans les zouaves pontificaux pendant la campagne de France, fut massacré dans le district de Phu-Hoa.

Le 18 juillet, le P. Garin[3] expira dans les plus atroces souffrances; quelques jours avant, sur les instances de ses chrétiens,

---

[1] Du diocèse de Rennes, parti en 1873.
[2] Du diocèse de Quimper, incorporé à Vannes, parti en 1882.
[3] Du diocèse de Tarentaise, parti en 1878.

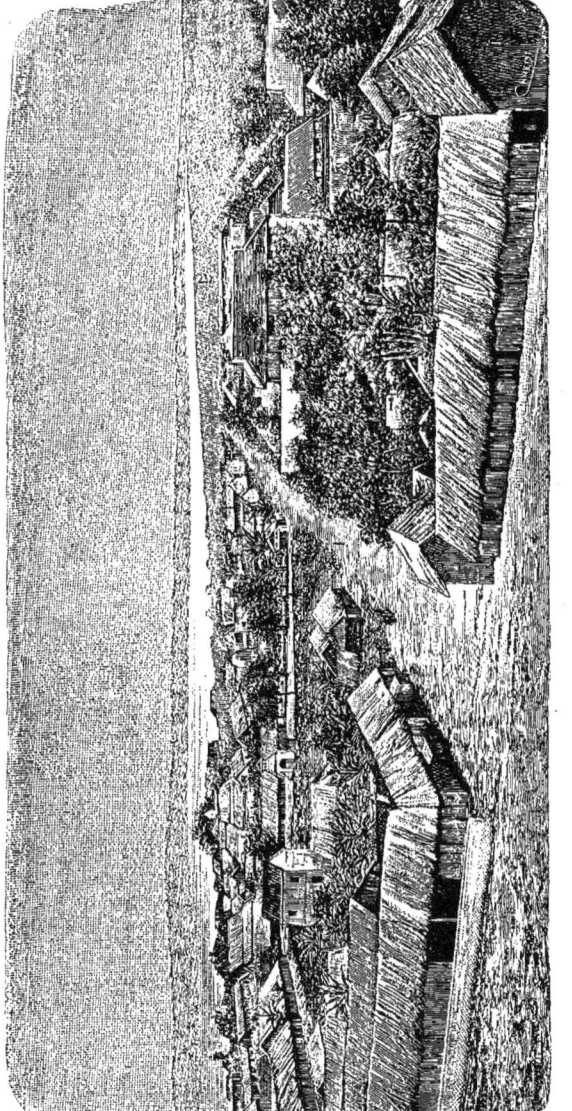

Panorama de la ville de Hung-Hoa, chef-lieu de la mission du haut Tonkin.

2. École française.   1. Mission.

il s'était retiré du côté des montagnes, pensant qu'on épargnerait son district. Le grand mandarin de la province lui fit dire qu'il n'aurait plus rien à craindre, qu'il pouvait rentrer en sa résidence, lui, grand mandarin, répondant de la paix; d'ailleurs les lettrés et tous les ennemis des chrétiens et des Français s'étaient éloignés. Le missionnaire, trop confiant, rentra chez lui; il fut immédiatement cerné et tomba entre les mains de ses bourreaux, qui, après lui avoir fait subir toutes sortes d'injures et d'avanies, le condamnèrent au supplice des cent plaies. Il fut solidement attaché à un poteau et, à chaque instant, les assassins venaient, armés de crocs et de tenailles, lui arracher des lambeaux de chair palpitante.

« Rien[1] ne manquait à ce nouveau prétoire : même rage dans les bourreaux, même résignation dans la victime. C'est à la fin du troisième jour de ce supplice atroce que l'âme du martyr s'envola vers les cieux. »

Le 2 août, ce fut le tour du P. Macé.

Esprit alerte, intelligence grande ouverte, inébranlable dans ses idées, pieux d'une piété ardente et raisonnée, Henri Macé était le digne descendant de ces paysans vendéens, généreux jusqu'au sacrifice, parfois francs jusqu'à la rudesse, gens de devoir, qui plaçaient le devoir avant tout, parce que le devoir est l'ordre de Dieu.

Les PP. Barrat[2] et Dupont[3] le suivirent dans cette voie royale du martyre, les 3 et 4 août.

Malgré les limites restreintes de notre chapitre, nous citerons la dernière lettre écrite à son frère par le P. Dupont, nobles et saintes paroles, vrais cris du cœur enflammé du plus pur amour pour Dieu et pour les âmes.

« Gia-Hun, 23 juillet 1885.

« Bien-aimé Félix,

« Aurais-tu donc, dans ta dernière lettre, été prophète sans le savoir? Tu m'exhortais, avec toute ta charité de prêtre, de

---

[1] Lettre de M. Dépierre.
[2] Du diocèse de Nantes, parti en 1879.
[3] Du diocèse d'Angers, parti en 1884.

parrain et de frère, à me montrer toujours digne de ma vocation apostolique, fidèle jusqu'au sacrifice de la vie. O Félix ! peux-tu le croire et l'entendre ! Le martyre est là, à ma porte. Encore quelques heures et il est possible que je sois pris, c'est-à-dire brûlé, massacré, déchiré en mille pièces. Ah ! quelle situation, frère ! Quelle joie, d'une part ! mais aussi quelles douleurs, quelles tortures du cœur !

« Coup sur coup, depuis neuf jours, les nouvelles les plus épouvantables nous arrivent ici. Trois missionnaires, les PP. Garin, Poirier, Guégan, cinq à six mille chrétiens massacrés avec une rage diabolique, le reste en fuite sur les montagnes, où les bêtes et la faim surtout vont les achever ; églises brûlées, bûchers de chrétiens, orphelinats, couvents noyés dans le sang. L'épouvante est partout, le carnage est partout dans cette malheureuse province de Tungai. Et les Français ?... Rien. Tous les cœurs soupirent après eux... Pas ombre de secours ! Il faut donc que tous nos pauvres enfants, toutes nos œuvres soient anéantis ! O douleur ! ma maison est comme encombrée des petites affaires des chrétiens. Près de nous ils ont moins peur, ils croient que nous les sauverons. Et que faire, grand Dieu ? nous mourrons ensemble.

« A plus tard, frère bien-aimé. Si j'en réchappe, je te donnerai les détails. Vraiment, il y en a qui sont d'une atrocité pour ainsi dire invraisemblable.

« Mais est-ce possible ! Je succomberais martyr ! Ah ! si c'était vrai ! Bénis, mon âme, ah ! bénis le Seigneur !

« Frère, chante avec allégresse le *Te Deum*; mais auparavant pleurons le *Miserere*, car j'ai été bien misérable dans ma vie. Si j'y passe, oh ! Félix, dis bien à tous, je ne puis nommer tout le monde, à toute la famille, que je meurs en les conjurant tous de me pardonner offenses et ingratitudes, tous manquements envers eux.

« Et maintenant vienne la mort. Aidé de Jésus et de Marie, me souvenant de maman, de Victor, d'Octavie, de tous mes bienheureux défunts, je ne faillirai pas. Mais pas de larmes au pays. Non ! que les âmes exaltent la miséricorde de Dieu ! Souvent déjà j'ai imploré le Dieu des forts, la Reine des martyrs ; je ne suis pas loin d'être exaucé.

« Merci ! Mon Dieu, merci !

« Enfin, frère, adieu et à Dieu ! J'embrasse tout le monde et vous étreins tous pour la dernière fois peut-être.

« Honoré Dupont. »

La mort de M. Iribarne[1] a été racontée en ces termes par Mgr Van Camelbecke, vicaire apostolique de la Cochinchine orientale.

« Notre missionnaire a été massacré le 19 août, non loin de sa chrétienté de Quan-Eau. Ne pouvant plus tenir au milieu des incendies de ce village et se voyant cerné de près par une troupe de rebelles, il se décida à tenter la fuite de toute la vitesse de son cheval. Il espérait trouver, au port voisin, une barque pour s'éloigner en mer. Malheureusement il n'en trouva aucune et dut revenir vers son point de départ. L'ennemi l'attendait. Il fut tout d'abord renversé de cheval et percé de deux coups de lance. Les bourreaux, voulant le faire souffrir plus longtemps et repaître les yeux de la populace du spectacle de sa mort, le garrottèrent avec la dernière barbarie et le portèrent jusqu'auprès du marché. Là le pauvre et cher Père fut décapité en présence de la multitude ameutée. Sa tête fut attachée aux branches d'un grand arbre, et tout son corps fut dépecé et grillé comme de la viande de boucherie. Le catéchiste qui l'accompagnait eut le même sort, ainsi qu'une foule de chrétiens de l'endroit. »

Le P. Châtelet[2] fut tué, le 26 août, à Cay-Gia. Les païens avaient assiégé l'église et le presbytère, entourés d'un rempart de bambous auxquels ils avaient fait plusieurs larges brèches. Alors les chrétiens entourent leur père spirituel, lui demandent une dernière bénédiction et se retirent dans l'église pour attendre le moment du dernier sacrifice. Le P. Châtelet rentre dans sa maison administrer les sacrements à une quinzaine de blessés. Il accomplit pieusement ce ministère de charité, sans être ému des imprécations, des insultes grossières, des clameurs de la tourbe des assaillants qui entourent déjà le presbytère, et somment le missionnaire de descendre dans la cour et de s'y agenouiller, afin qu'on lui tranche la tête.

---

[1] Du diocèse de Bayonne, parti en 1883.
[2] Du diocèse de Lyon, parti en 1880.

« Je n'irai pas si loin, répond le prêtre; si vous voulez ma tête, venez la prendre ici, je ne la défendrai point. »

En même temps il s'avance sous la véranda, son clerc à sa gauche; les injures redoublent; enfin, tandis que les uns lui jettent à la tête tout ce qui leur tombe sous la main, un autre monte, à la dérobée, du côté droit de la véranda, s'approche et frappe d'un coup de lance le P. Châtelet, qui tombe le visage contre terre; un second bandit le frappe de deux coups de couperet, et la victime expire.

Avec ces huit missionnaires, près de vingt-cinq mille chrétiens furent tués. Le recensement des catholiques de la Cochinchine avait donné, en 1884, le chiffre de 41 234; il n'en compta plus que 17 000 en 1886.

La mission de Cochinchine septentrionale ne perdit aucun prêtre européen; mais elle eut à déplorer la perte de dix prêtres indigènes et de dix mille chrétiens.

Dans toute cette partie de l'Annam, qui va du Tonkin méridional à la Cochinchine française, les chrétiens furent traqués comme des bêtes fauves. Les uns, conduits par leurs prêtres, se réfugièrent à Hué, et les autres à Qui-Nhon. Quelques milliers furent sauvés par des navires que Mgr Colombert[1], le vicaire apostolique de la Cochinchine occidentale, fréta et envoya explorer les côtes.

Cependant, revenus de leur stupeur, les fidèles essayèrent de résister, les missionnaires les aidèrent. Il n'y avait aucune opposition entre cette conduite et celle des nombreux martyrs qui, dans ce même pays, loin de faire aucune résistance, se contentèrent de verser généreusement leur sang pour affirmer leur foi. Les circonstances seules étaient changées; autrefois un gouvernement légitime et régulier appelait les chrétiens à sa barre, les jugeait et les condamnait; aujourd'hui, ceux qui les voulaient massacrer étaient des rebelles, s'insurgeant contre l'autorité française maîtresse du pays. Les chrétiens avaient donc non seulement le droit, mais le devoir de se défendre eux-mêmes et de protéger leurs vieillards, leurs femmes et leurs enfants.

De longs et sanglants combats eurent lieu dans les missions

---

[1] Du diocèse de Laval, parti en 1863. Évêque et coadjuteur en 1872. Vicaire apostolique en 1873.

de l'Annam et du Tonkin, qui sauvèrent la vie à des milliers de catholiques, non sans coûter bien des morts.

« Cependant, selon la parole de saint Chrysostome, le Dieu des miséricordes a toujours soin de mêler quelques consolations aux tribulations de ses serviteurs, faisant ainsi de la vie des justes, par ce mélange de l'adversité et des saintes joies, une toile d'une admirable variété. »

C'est ce qu'il réalisa encore pendant cette douloureuse année 1885, puisque la société enregistra 19705 baptêmes de païens adultes, 180960 d'enfants d'infidèles en danger de mort, et 205 conversions d'hérétiques.

« C'est bien là, assurément, disait le compte rendu de 1885[1], la première consolation pour le cœur d'un ouvrier apostolique. Mais elle n'est pas la seule que Dieu ait donnée à la société. Pour remplacer ceux qui ont succombé, il a multiplié le nombre des vocations apostoliques. Le sacrifice même que nos missionnaires ont fait de leur sang, nous devient un sujet de joie suave si nous considérons la manière dont ils l'ont accompli.

« On ne peut considérer sans attendrissement le calme et la sérénité avec lesquels ils ont vu approcher l'heure du sacrifice suprême. On est heureux de voir quelle ardente dévotion et quelle confiance inébranlable ils ont, dans ces terribles épreuves, témoignées envers la Mère de Dieu, la Reine des apôtres. On est particulièrement touché et édifié de ce sentiment d'humilité profonde qui les faisait s'estimer indignes de verser leur sang pour la sainte cause de Notre-Seigneur Jésus-Christ. N'y a-t-il pas encore un grand sujet de consolation dans cette foi vive, dont des milliers de chrétiens ont donné la preuve à leurs derniers moments? Voyant approcher les bandes d'assassins, ils se pressaient autour du prêtre, remplissaient les églises, assiégeaient le confessionnal et voulaient tous recevoir une dernière absolution avant de répandre leur sang.

« Puisse l'immolation de tant de victimes apaiser la divine justice et être, pour ces églises en deuil, le gage de la résurrection! Puisse-t-elle faire descendre sur les païens aveuglés, et sur les meurtriers eux-mêmes, la grâce de la conversion! »

[1] Compte rendu des travaux de la société des Missions Étrangères, 1885, p. 2.

IX

LES BOXEURS ET LES MASSACRES DES MISSIONNAIRES EN CHINE.

Nous arrivons aux derniers événements qui viennent d'ensanglanter la Chine et de jeter les troupes européennes et américaines sur cet immense empire. Ces faits sont encore présents à toutes les mémoires.

L'impératrice de Chine, Tze-Hi, dépose le faible empereur Kouang-Su; elle appelle près d'elle le prince Tuan, au fils duquel elle veut donner le trône.

Le prince Tuan, exilé à Moukden, ne connaît rien de ce qui s'est passé en Chine depuis de longues années, ni les traités avec l'Europe, ni les idées nouvelles qui ont germé dans l'esprit d'un certain nombre de mandarins; mais il hait les Européens, il veut à tout prix les expulser de l'Empire. Il soudoie les membres d'une vaste société secrète connue sous le nom des Grands-Poings, et que nous avons appelée les Boxeurs; il achète un certain nombre d'officiers des troupes régulières, et bientôt l'Europe stupéfaite apprend que ses représentants sont assiégés dans Pékin.

Le drame est long, terrible, moins douloureux et moins atroce cependant que d'aucuns le racontèrent, puisqu'un jour on annonça le massacre de tous les Européens.

Il n'en était rien; les Européens s'étaient défendus avec le courage du désespoir, les Chinois n'avaient pu les vaincre. Les troupes de la Russie, de la France, de l'Allemagne, du Japon, de l'Angleterre, de l'Italie, les délivrèrent.

Mais pendant ce temps les missions de Chine avaient horriblement souffert; quelques-unes même avaient été anéanties.

Le 19 juin, deux jésuites du Tche-Ly sud-est furent massacrés par les Boxeurs à Ou-I : les PP. Andlauer et Isoré. La ville était pleine de Boxeurs, et tous passèrent la journée du 18 juin et celle du 19, jusqu'à cinq heures de l'après-midi, dans des appréhensions faciles à comprendre. On rôdait tout autour de la maison, et de temps en temps on jetait des briques par-dessus les murs. Entre cinq et six heures, la multitude augmenta : les Boxeurs, ayant appris qu'il y avait deux Pères européens, voulurent faire leur coup.

« Des six personnes qui se trouvaient à la maison avec les Pères, j'en ai vu trois, écrit un témoin oculaire, et voici la version qui me paraît la plus vraie :

« Le portier, vers cinq heures après-midi, se rendit compte que les Boxeurs venus en nombre allaient faire sauter la porte cochère; il en fit la remarque au P. Andlauer, qui regardait par une porte de côté. Celui-ci rentra dans la cour en fermant cette porte latérale, qui d'ailleurs ne devait offrir aucune résistance. Pendant ce temps, le portier et le catéchiste du P. Andlauer escaladaient le mur voisin et allaient se réfugier chez un petit chef de Ia-I. Les Boxeurs enfoncèrent la porte et se précipitèrent à l'intérieur. Les deux Pères s'étaient rendus à la petite chapelle, où ils durent attendre, agenouillés, l'arrivée de leurs bourreaux. On les retrouva, l'un près de l'autre, percés de coups de lance. »

La Mandchourie a subi des désastres incomparablement plus grands, et pour les raconter nous avons des lettres de nos missionnaires et de quelques religieuses de Portieux, leurs auxiliaires dévouées.

Le 25 juin, le provicaire de la Mandchourie méridionale, le P. Choulet, exposait la situation en ces termes d'une exactitude absolue :

« Nous sommes sur un volcan. On est effrayé de voir avec quelle rapidité le mouvement des Boxeurs se propage. Il y a un mois, on en parlait à peine; actuellement tous les confrères écrivent que leurs postes en sont infestés, et partout c'est la même rage contre nous, nos églises et nos chrétiens.

« Le danger est bien plus grand que pendant la guerre sino-japonaise. Ce sont des alertes à chaque instant à Nieou-Tchouang. Les femmes et les enfants qui n'ont pas encore déserté la place passent la nuit sur la canonnière russe, seule protection que nous ayons ici.

« Nous sommes sans nouvelles du dehors. Le télégraphe est coupé sur plusieurs points, et le chemin de fer de Nieou-Tchouang à Chan-Haï-Kouan est détruit.

« Les mandarins ne font rien pour enrayer le mouvement; ils promettent d'agir, et c'est tout.

« Voilà, en deux mots, notre position à tous.

« Quand vous recevrez cette lettre, il est probable qu'il ne restera plus que des cendres de notre chère mission. »

En face de cet avenir qui s'ouvrait si terrible, des précautions avaient été prises; les sœurs des établissements d'Ing-Tsé avaient envoyé les vierges chez leurs parents et placé les plus grandes orphelines dans de bonnes familles chrétiennes.

A Moukden, où Mgr Guillon venait de rentrer d'une tournée pastorale, la situation devenait plus mauvaise.

« Il était convenu que le 26 de la lune, fête du sacré Cœur, écrivait le 24 juin sœur Sainte-Croix Grandury, notre petite cathédrale devait être incendiée à midi juste, ainsi que les maisons environnantes; aussi quantité de personnes venaient-elles regarder par-dessus les murs et paraissaient étonnées de nous voir aussi tranquilles qu'à l'ordinaire.

« Ce matin même plusieurs femmes des villages voisins vinrent à la messe pour voir si les sœurs étaient brûlées, ou si elles avaient pris la fuite comme au Touang-Houan (c'est le quartier protestant).

« Nous avons rassuré de notre mieux ces femmes qui avaient grand'peur, craignant de voir tomber leur tête, disaient-elles, dès que ces individus leur auraient jeté un sort.

« Cependant, le dirai-je? nous regrettons d'avoir manqué une si belle occasion d'être grillées toutes vives, là, près de l'autel, comme deux petits cierges, pour nous envoler vite en paradis. »

Ce souhait d'une âme admirable d'héroïsme allait être exaucé!

Le 30 juin, dans une nouvelle lettre, la même religieuse disait :

« Nous n'échapperons au danger que par miracle, puisque le gouverneur n'envoie aucun secours et qu'il a laissé brûler aujourd'hui l'église des protestants, la pharmacie du docteur Christie et d'autres maisons. La fumée de ces incendies passait au-dessus de notre orphelinat depuis trois heures jusqu'à neuf heures du soir, et nos pauvres enfants criaient à fendre l'âme; enfin elles viennent de se coucher, et j'ai promis de veiller pour les avertir. Mais Monseigneur a envoyé plusieurs hommes pour garder notre cour; car, craignant pour nous, il nous avait conseillé de nous cacher, mais nous préférons mourir à notre poste avec nos enfants; du reste, il est trop tard pour s'évader, puisque les Boxeurs sont entrés à quatre heures du soir à la sacristie, après en avoir enfoncé une porte et brisé toutes les fenêtres. En ce moment, Monseigneur, le P. Emonet et le P. Jean Li étaient en prières à deux pas de ces brigands et faisaient leur action de grâces, car ils venaient de consommer à la hâte les saintes Espèces. Les Boxeurs n'entrèrent pas dans l'église, ce qui est presque un miracle; les chrétiens s'assemblèrent aussitôt, et ces brigands furent repoussés pour un instant, car ils se préparèrent à revenir.

« Pendant qu'ils dévastaient la sacristie, Monseigneur arriva à l'orphelinat, en rochet et en étole, et bénit nos enfants qui pleuraient agenouillés sur son passage; puis Sa Grandeur nous dit:

« — Je crois, mes chères sœurs, que le moment de la mort est arrivé pour nous tous; je viens vous donner une dernière absolution. »

« Toutes résignées, nous reçûmes l'absolution; puis je conseillai aux enfants de s'évader chez des parents ou des amis; plusieurs préférèrent rester avec nous pour mourir martyres, disaient-elles. Mais quand même on se voit à deux doigts de la mort, on n'ose prétendre à une telle faveur. »

Quelques lignes plus loin sœur Sainte-Croix ajoutait ces paroles:

« Les brigands ont fait voler en éclats la porte de la sacristie, et le pavé est tout couvert de morceaux de verre et de plomb tordu. Ils menacent de lancer le feu sur l'église, qui, toute cette nuit, est illuminée comme à Noël, car les cierges brûlent sans cesse sur les autels. A chacune des tours est suspendue une énorme lanterne, puis des tuyaux de fourneau sont placés comme des canons le long de la façade. Les cloches ont été mises en branle dès qu'on a aperçu le feu chez les protestants, et les chrétiens se sont hâtés de venir prier et défendre leur église. C'est le moment où l'on reconnaît les vrais fidèles ; que de confessions aujourd'hui ! »

Que se passa-t-il ensuite? Une religieuse réfugiée au Japon, sœur Jules Ferry, nous le dit d'après les nouvelles qui lui sont parvenues :

« Monseigneur, voyant que toute résistance était impossible, rassemble les sœurs, les orphelines et tous les chrétiens dans la cathédrale pour les exhorter au martyre ; pendant son exhortation on frappe de grands coups à la porte. Monseigneur, pensant que c'était peut-être quelque autorité chinoise, se rend à la porte pour la recevoir ; la porte n'est pas plus tôt ouverte qu'il a la tête tranchée ; puis ils s'avancent, ces possédés, vers le chœur où se trouvaient le P. Emonet et le P. Li, qui ont également la tête tranchée. Quant à nos deux heureuses sœurs, sœur Sainte-Croix Grandury et sœur Albertine Rœcklin, ont-elles eu le même sort? On le pense, on ignore ce qu'elles ont eu à souffrir, ainsi que les deux cents chrétiens qui se trouvaient réunis pour la défense de leur évêque et de leur église ; mais s'ils n'ont pas été tués avant le feu, ils ont été brûlés vifs. Quand tout a été fini, les Boxeurs se sont répandus dans la ville, et ont décapité tout ce qu'ils ont pu trouver de chrétiens. Un témoin oculaire dit que dans la ville on ne rencontrait que des corps sans tête. La femme et la bru du catéchiste ont été crucifiées. »

Tel fut dans ses grandes lignes le désastre de Moukden ; il fut connu en France par une dépêche de notre procureur à Shang-Haï, le P. Robert, qui adressa au séminaire ce télégramme :

Guillon, Emonet, duæque moniales necati, Moukden.

« Mgr Guillon, M. Emonet et deux religieuses ont été assassinés à Moukden.

« 7 juillet 1900. »

Le Souverain Pontife Léon XIII s'émut vivement à la pensée des malheurs qui accablaient les missions de Chine et à ceux plus grands qui pouvaient les frapper, et il écrivit au cardinal-vicaire la lettre suivante :

« Monsieur le Cardinal,

« Les événements cruels qui se succèdent en Chine, outre qu'ils pénètrent Notre âme d'une grande douleur, en raison de tant de sang humain versé, Nous tiennent encore tremblants et anxieux sur le sort des Vicariats apostoliques existant là-bas et sur les dangers des missionnaires et des chrétiens qui sont exposés aux plus dures épreuves et au sacrifice même de leur vie.

« Pour obtenir que la clémence divine se montre propice à ces populations malheureuses et qu'elle éloigne les désastres redoutés de tous, Nous savons déjà que le collège de la Propagande et les autres ordres religieux romains, dès la première nouvelle du désastre, ont commencé des prières en commun.

« Aujourd'hui, le danger et l'angoisse croissant, Nous croyons opportun et nécessaire que notre cité participe plus activement à ces prières.

« En conséquence, Notre vif désir, monsieur le Cardinal, est que vous rappeliez à toutes les communautés la nécessité pour elles d'adresser d'humbles prières au Très-Haut pour qu'il inspire à tous des pensées de concorde et de paix et qu'il mette ainsi un terme aux ruines et aux massacres.

« Et pour que ces prières que nous sollicitons en faveur de nos frères lointains soient plus efficaces, Nous donnons à tous, de tout cœur, la bénédiction apostolique.

« LÉON PP. XIII. »

Le 12 juillet, un service solennel fut célébré pour Mgr Guillon au séminaire des Missions Étrangères par le supérieur, M. Delpech.

La Propagande, les conseils centraux de l'OEuvre de la Propagation de la Foi, le cardinal-archevêque de Paris, plusieurs évêques de France adressèrent à notre séminaire des lettres d'affectueuses condoléances.

Ces lettres étaient à peine reçues, qu'une nouvelle dépêche annonçait la mort des PP. Viaud, Agnius, Bayart, Bourgeois et Le Guével, de la mission de la Mandchourie méridionale.

Les trois premiers, chargés des postes de Siao-Hei-Chan et de Kouang-Ning, s'étaient retirés au village de Che-Tze-Touen; mais, ne s'y trouvant pas en sûreté, ils s'étaient, avec quatre chrétiens, enfuis dans les hautes herbes de la plaine, où ils restèrent deux jours sans nourriture. Des brigands les aperçurent et vinrent à eux, leur apportant quelque nourriture, et au moment où les fugitifs, que ce bon procédé avait rendus confiants, s'y attendaient le moins, ils les désarmèrent et enlevèrent leurs chevaux. Aussitôt avertie, la garde nationale de Ya-Tze-Tchang arriva, fusilla les trois missionnaires et jeta leurs cadavres dans le fleuve Leao, à Souang-Tai-Tze. Les quatre chrétiens qui accompagnaient les missionnaires furent noyés vivants. Le village de Che-Tze-Toun fut brûlé, les enfants des orphelinats de Kouan-Ning et de Siao-Hei-Chan massacrés ou enlevés, soixante-quatre chrétiens de cette dernière paroisse tués.

Quant aux PP. Bourgeois et Le Guével, voici ce que nous écrit le P. Letort :

« Les PP. Bourgeois et Le Guével sont certainement morts au bord de la mer, où ils voulaient s'embarquer. Les habitants de Lien-Chan s'étaient montrés très bons pour eux et les avaient aidés à sortir de la localité. Un seul individu, appelé Ouang et parent des chrétiens, les poursuivit de sa haine féroce, défendit à qui que ce fût de leur fournir une barque, sous peine d'être massacré. Les Pères durent gagner la montagne, et c'est là qu'ils ont péri avec une vingtaine de chrétiens, après une défense héroïque, sous les balles des soldats de Ning-Iuen appelés pour les fusiller. Les vierges ont été tuées, bon nombre d'enfants de l'orphelinat ont été massacrés avec des chrétiens, d'autres enlevés. Tout a été brûlé. Rien ne subsiste. Pauvre orphelinat que j'avais bâti en 1875 et tant aimé ! »

A Toung-Kia-Fang-Chen, une quarantaine de chrétiens ont succombé en défendant l'église ; le P. Alexandre Hia, chargé de ce poste, a été pris, conduit à Moukden et décapité.

De nouveau, le Préfet de la Propagande adressa au supérieur de notre séminaire une lettre d'affectueux intérêt, y joignant la sollicitude et la bénédiction du souverain Pontife. Voici la traduction de cette lettre :

« La Sacrée Congrégation de la Propagande demeure profondément affligée à la triste annonce des nouveaux massacres qui, dans la personne de cinq autres et très zélés missionnaires, ont éprouvé le Vicariat apostolique de la Mandchourie méridionale. Il est vraiment très douloureux et très affligeant de penser au misérable sort de ces valeureux apôtres. Mais s'il y a une consolation et une pensée réconfortante au milieu d'un si grand deuil, c'est de songer que la palme des confesseurs de la foi a ouvert les portes de l'éternelle gloire à ces nouveaux héros de votre si méritant Institut.

« Je me fais un devoir d'exprimer à votre Paternité Révérendissime, à tous et à chacun des membres de votre société, mes condoléances les plus sincères.

« Je le fais non seulement au nom de la Sacrée Congrégation de la Propagande, mais surtout et d'une manière toute spéciale au nom de notre très saint Père le pape, qui, profondément contristé de cette douloureuse nouvelle, vous envoie, ainsi qu'à tous les membres de votre Institut, une très particulière bénédiction. »

Enfin, le 25 août, un nouveau télégramme annonçait que la Mandchourie septentrionale était frappée à son tour. Les PP. François Georjon et Louis Leray étaient massacrés.

Les détails sur la mort de ces deux missionnaires nous sont transmis par une lettre du P. Monnier, provicaire apostolique de la Mandchourie septentrionale :

« La situation des PP. Georjon et Leray devenant plus inquiétante à Pei-Lin-Tse, où ils se trouvaient momentanément réunis, je leur écris de venir me rejoindre à Pa-Ien-Sousou. Comme ils ne peuvent voyager de jour, ils se préparent à partir pendant la nuit du 15 au 16 juillet. Les chevaux sont déjà sellés, lorsque arrive un courrier envoyé par les chrétiens d'Iu-Tsing-Kai. Le courrier raconte que les chrétiens sont molestés plus que jamais, et aussitôt le P. Leray se détermine à voler à leur secours. Le P. Georjon veut le retenir; peine inutile ! Il part avec les chevaux de son confrère et se dirige vers le nord au lieu de venir à Pa-Ien-Sousou. Il galope toute la nuit, et le 16 juillet, à neuf heures du matin, il est à Iu-Tsing-Kai. Ce jour-là même, les *Jeûneurs* font irruption dans la résidence; tout espoir est perdu. Le Père crie à haute voix:

« — Que tous les chrétiens se rendent à la chapelle, je vais leur donner l'absolution. »

« A peine a-t-il pénétré dans l'oratoire, que le catéchiste qui l'accompagne le voit s'affaisser ; il veut le soutenir et lui demande ce qu'il a ; c'est alors seulement qu'il aperçoit la poitrine du missionnaire traversée par une balle qui vient d'être tirée de la fenêtre. La peur saisit le catéchiste, qui réussit à s'enfuir au milieu de la bagarre. Il fait une centaine de pas et se retourne du côté de la chapelle ; déjà la flamme s'élève de toutes parts. Bon nombre de chrétiens ont dû périr comme le Père.

« En m'apprenant la mort du P. Leray, le P. Georjon me demandait de vouloir bien envoyer le P. Roubin pour tenir sa place à Pei-Lin-Tse, tandis qu'il se rendrait lui-même à Iu-Tsing-Kai pour essayer de sauver quelques débris de la chrétienté et rendre les derniers devoirs à son confrère massacré. Je lui répondis en lui donnant l'ordre de venir près de moi ; mais comme Pa-Ien-Sousou est à deux jours de marche de Pei-Lin-Tse, ma lettre ne lui est pas parvenue à temps ; il était déjà parti. Il a été tué par les *Jeûneurs* avec l'assentiment et à l'instigation des gens du mandarinat d'Iu-Tsing-Kai. Le bruit court qu'il a été massacré à coups de couteau. Obligé de partir moi-même au milieu de la nuit et à l'improviste, je n'ai pas pu recueillir de détails plus précis. »

Une lettre du 3 août nous a annoncé la mort du P. Maurice Li, qui a été décapité. C'est le troisième prêtre chinois de la Mandchourie méridionale qui a donné sa vie pour Notre-Seigneur Jésus-Christ.

Tous ces désastres et ceux des autres missions émurent vivement l'opinion publique religieuse.

Le 9 août, à dix heures, fut célébré, à Notre-Dame de Paris, le service prescrit par le cardinal Richard pour les victimes de la persécution en Chine. Son Éminence présidait la cérémonie. Quatre évêques y assistaient : NN. SS. de Courmont, de la Passardière, Le Roy, Crouzet. Le président de la République était représenté par un commandant en grande tenue, occupant la première place de la nef. Des places spéciales avaient été réservées aux membres de la société de la Croix-Rouge, au profit de laquelle la quête a été faite, et à la Propagation de la Foi, qui était représentée par le président, le vice-président et divers membres du conseil central.

On remarquait aussi M. Fiat, supérieur général de la Congrégation de la Mission; M. Delpech, supérieur du séminaire des Missions Étrangères. Étaient présents également plusieurs membres de ces sociétés et d'autres congrégations, des religieuses de Saint-Vincent-de-Paul, une députation du séminaire

La rue des légations à Pékin.

de Saint-Lazare, de nombreux fidèles. Les aspirants du séminaire des Missions Étrangères de Paris étaient au milieu du chœur, et, sur l'invitation expresse de S. Ém. le cardinal Richard, ils chantèrent une partie de la messe.

Le 23 septembre, le P. Robert, procureur des Missions Étrangères à Shang-Haï, nous envoyait une nouvelle dépêche de mort :

Souvignet a été tué.

Le P. Régis Souvignet était un excellent missionnaire, chargé du district de Hou-Lan. Il était allé voir un de ses confrères, le P. Delpal, à Leao-Tien-Tse, quand il apprit que ses chrétiens étaient en danger; il repartit aussitôt, et c'est sans doute dans l'exercice de son ministère qu'il a trouvé la mort.

S'attaquer aux vivants ne suffit pas à la haine chinoise. Les bandits, car qu'ils soient des boxeurs, des soldats réguliers ou de simples citoyens, on ne peut leur donner un autre nom, les bandits déterrèrent le P. Moulin; mort à Nieou-Tchouang, le 24 juin, frappèrent le cadavre, lui coupèrent la tête et le brûlèrent.

A Tong-Ia-Touen, où est la ferme Saint-Joseph, ils ouvrirent la fosse de sœur Hélène, morte depuis quinze ans, et brûlèrent ses ossements.

En vérité, on comprend ce cri sorti du cœur du P. Letort :

« S'il existait une cloche dans la tour de la nouvelle église d'Ing-Tse, toujours debout et dominant la place, c'est un long glas de deuil qu'on y devrait sonner, la Mandchourie agonise. De tant d'œuvres fondées avec tant de peine rien ne subsiste; le pillage et le feu sont à l'ordre du jour, de toutes parts le sang coule. »

Pendant ce temps que deviennent les survivants, missionnaires et religieuses?

Aussitôt que les désastres de Moukden furent connus à Ing-Tse, le provicaire, le P. Choulet, alla en faire part aux sœurs de la Sainte-Enfance.

« On resta quelques minutes dans un silence d'agonie, écrit la sœur Jules Ferry; puis le P. Choulet nous dit :

« — Je vous embarque à l'instant, dépêchez-vous, car le danger est pressant. »

« Ce bon Père part pour prendre nos places; mais il n'ose pas aller loin, car il est hué! Il retourne à la procure et envoie son homme d'affaires. Il était onze heures et demie, notre pauvre dîner était sur le feu, nous l'y avons laissé. Nous partons à la douane, et nous nous embarquons vers une heure de l'après-midi, quoique le vaisseau ne doive partir que le lendemain.

« Nous étions à peine sorties de chez nous, que le pillage commençait, c'était affreux!

« Aussitôt que le P. Choulet nous eut dit qu'il nous embarquait à l'instant, notre supérieur envoya un exprès à nos bonnes sœurs de la ferme, leur disant :

« — Venez vite, nous nous embarquons. »

« Ce brave homme arrive à quatre heures et demie du soir; à cinq heures moins un quart nos sœurs étaient en voiture, la tête couverte d'un voile noir, afin de n'être pas reconnues. Les missionnaires les attendaient à l'entrée de la ville, afin qu'elles ne se rendent pas chez nous, mais directement au bateau. Nous les attendions avec une grande anxiété ; enfin à neuf heures elles arrivent. Cela faisait déjà un gros poids de moins sur le cœur.

« Nos sœurs n'avaient pas quitté la ferme depuis deux jours, qu'elle était pillée et incendiée et que les brigands n'y laissaient pas pierre sur pierre. La vierge Léon Barbe, maîtresse d'école de la ferme, s'était réfugiée, avec les plus grandes orphelines, chez un de ses proches parents, voisin de la ferme ; ces suppôts du diable sont allés l'enlever, ainsi que les grandes filles. »

A Chaling, même départ précipité. Le P. Conraux expédie les religieuses à Leao-Yang, la gare la plus rapprochée.

« Nos sœurs n'ont que le temps de monter en chemin de fer, escortées par deux lignes de Russes à cheval ; le train n'est pas en marche, que l'attaque commence, il était temps !... Du chemin de fer nos sœurs voyaient les incendies.

« Arrivées à Ing-Tse, elles pensaient faire à pied le petit trajet qu'il y a de la gare à chez nous. Cela était impossible, et elles auraient été tuées ; les Russes prêtent un remorqueur. En face de notre maison, qui était encore debout, mais déjà pillée, nos bonnes sœurs, ignorant notre départ, qui avait eu lieu la veille, voulaient ou plutôt pensaient descendre ; mais le Père leur dit :

« — Vos sœurs sont parties. Du remorqueur vous allez monter sur le vaisseau, qui vous emmènera demain. »

« Sur ce, notre bonne sœur Philomène tombe en faiblesse.

« — Vous dire, nous répètent nos sœurs, l'effet que cela nous a fait de voir le toit de cette chère église, de cette maison qui était pour nous notre maison mère de Chine, c'est impossible à rendre ! Cette vue nous a déchiré le cœur !... »

A Tie-Ling, les PP. Lamasse, Vuillemot et les sœurs Gérardine et Marie se réfugièrent chez les Russes de la gare, et, protégés par une colonne de cinq cents cosaques et par trois cents chrétiens, ils prirent la route du Nord. Attaqués en route, particulièrement à Koinien, ils se défendirent avec succès et réussirent à gagner Wladivostock.

Le vicaire apostolique de la Mandchourie septentrionale, Mgr Lalouyer, les PP. Cubizolles, Sandrin, Samoy, Gérard, Lecouflet, purent arriver dans cette dernière ville.

D'autres se réfugièrent à Shang-Haï.

Deux missionnaires, les PP. Villeneuve et Huchet ont pu s'enfuir en Corée, et une lettre du P. Bret, du 21 juillet, nous donne les détails suivants :

« Le P. Villeneuve se trouvait à Toung-Houa-Hien, privé de communications avec Mgr Guillon, lorsque soudain arrive son voisin, le P. Huchet, poursuivi jour et nuit par les brigands, qui ont incendié ses divers postes : Ling-Kaï, Sing-Ping et Ouang-King-Men.

« En même temps que l'avant-garde des brigands, qui poursuivait le P. Huchet, entre dans la ville de Toung-Houa-Hien une autre bande à la recherche du P. Villeneuve. A la faveur des ténèbres et grâce à l'appui du mandarin local et à la protection d'un petit chef de soldats, nos deux confrères sautent à cheval et prennent la fuite dans la seule direction libre, vers la Corée. »

Enfin, en quelques endroits très rares, les missionnaires organisèrent la résistance.

« San-Taï-Tse est transformé en camp retranché, écrit le P. Letort, et les PP. Corbel et Caubrière (jeune) y sont enfermés avec un millier de chrétiens ou chrétiennes. Tout le monde y est joyeux, on veut vivre ou mourir ensemble. Aux dernières nouvelles, pas d'attaque n'avait encore été tentée. Les Pères ont quarante fusils, et il faudra de la troupe et peut-être du canon pour en venir à bout. »

« Une de leurs lettres (6 juillet 1900) nous fait connaître les périls au milieu desquels ils vivent et leurs admirables sentiments de courage et de piété.

« Rien de nouveau ici; nous sommes toujours dans la même situation, environnés d'ennemis. Nous avons eu quelques alertes, elles ont été sans conséquence. Que les agresseurs viennent par dizaines ou par milliers, nous les recevrons à coups de fusils, et nous combattrons comme des lions avec nos chrétiens.

« Je vous prie de ne pas nous parler de nous rendre à Ing-Tse; d'abord cela nous est impossible, à cause de l'insécurité des routes remplies de soldats et de brigands, et, en second lieu, le P. Caubrière et moi nous n'aurons jamais le courage d'abandonner nos mille chrétiens à la fureur des païens. Ces pauvres gens viennent se réfugier ici et demandent, non pas que nous les préservions de la mort, mais que nous leur permettions de mourir près du missionnaire, pour ne pas être exposés à l'apostasie et pour recevoir les derniers sacrements.

« Notre vie, à San-Taï-Tze, se partage entre les exercices de piété et les exercices militaires. Tout le monde a beaucoup d'entrain, est gai, chante. Chacun a son emploi, et tous les hommes, femmes et enfants, ont leur arme spéciale. Au signal donné, la troupe est sur le qui-vive, et chacun occupe le poste qui lui a été fixé. Un millier de soldats ne viendra pas facilement à bout de notre résistance.

Ville fortifiée entre Tien-Tsin et Pékin. (D'après une photographie.)

« En attendant, la renommée de San-Taï-Tze est prodigieuse; on sait, à Moukden et partout, que nous sommes sur la défensive, et que si l'on nous attaque nous vendrons chèrement notre vie. Croyez-moi, les Boxeurs et les soldats ne viendront pas de sitôt prendre contact avec nous, et, si le vice-roi ne fournit pas de canons à nos agresseurs, nous avons l'espoir fondé de tout sauver. A la grâce de Dieu! Si nous devons périr, nous mourrons contents!

« Serions-nous fiers, le P. Caubrière et moi, d'arriver en paradis avec nos mille chrétiens! Quelle belle escorte nous aurions là! Si nous partions d'ici, quelle désolation, quelle ruine! Voilà pourquoi, après avoir mûrement réfléchi, nous

nous sommes décidés à rester au poste, nous confiant à la bonne Providence. Nous imitons d'ailleurs en cela notre vénéré supérieur, qui envoie ses missionnaires en lieu sûr et reste, lui, avec ses ouailles. D'ailleurs, nous sommes plus heureux qu'on ne saurait jamais le supposer...

« Le sous-préfet de Leao-Iang, écrit le P. Choulet le 23 juillet, a fait dire aux chrétiens de San-Tai-Tze que s'ils lui livraient le P. Corbel et le P. Caubrière et reniaient leur foi, il leur promettait sa protection. Les chrétiens ont répondu qu'ils mourraient chrétiens. Ils se tiennent toujours sur leurs gardes; mais, comme les Russes n'avancent pas, je crains de recevoir de mauvaises nouvelles ces jours-ci. On sait, à Moukden, que les chrétiens sont réunis là en nombre considérable, et on ne demande pas mieux que de les massacrer. »

Une dépêche nous a annoncé ensuite que les PP. Corbel et Alfred Caubrière étaient sains et saufs.

« En effet, un courrier était arrivé dans les premiers jours du mois d'août de San-Tai-Tze à Ing-Tse, racontant, dit le P. Choulet, qu'un bon nombre de soldats qui attaquaient le poste ont été rappelés par le vice-roi pour combattre les Russes. Les retranchements élevés par les PP. Corbel et Alfred Caubrière et par les chrétiens ont été détruits avec le canon, mais on se défend toujours à l'intérieur des maisons.

« Je crains fort que les assiégés ne manquent de munitions et de provisions; impossible de leur en envoyer. J'ai exposé leur situation critique aux officiers russes; mais, malgré leur bonne volonté, ces messieurs n'ont pas assez de troupes pour secourir San-Tai-Tze. »

A Kao-Chan-Touen, les PP. Hérin, Perreau et Laurent Hia, ayant su que des réguliers venaient de Tie-Ling les attaquer avec du canon, n'ont pas essayé de résister; ils se sont retirés dans les montagnes de Pei-Tcha-Kou avec tous leurs chrétiens. Ils y vivent au jour le jour de ce que le bon Dieu leur fait la grâce de rencontrer, car ils n'ont pu rien emporter. De trois courriers envoyés à Ing-Tse par eux pour donner de leurs nouvelles, un seul, le dernier, a fini par arriver.

Un grand nombre de chrétiens ont été massacrés, on évalue leur nombre à plus de mille.

Les « Tsai-Li-Ti » (jeûneurs) prêtent partout leur concours

aux Boxeurs pour donner la chasse aux néophytes. Il me serait difficile de dire combien nous comptons déjà de vrais martyrs. Dans une de ses dernières lettres, le P. Corbel affirme qu'il y en avait déjà plus de mille dans le seul district de Moukden.

Le fameux « Eul-Ta-Jen » (assesseur du vice-roi), l'ennemi juré du catholicisme, a envoyé ses limiers dans les villages des environs de la capitale, et tous les chrétiens qui n'apostasiaient pas furent conduits à Moukden et décapités. Leurs biens ont été confisqués au profit du gouvernement. En même temps un édit était publié, déclarant que les chrétiens qui apostasieraient pourraient rentrer en possession de tout ce qu'ils avaient perdu.

On ne trouva plus un païen qui voulût leur donner asile. Les aubergistes eux-mêmes, avant de recevoir un voyageur, lui demandaient s'il était chrétien, et, s'il répondait affirmativement, le moindre mal qu'ils lui fissent était de lui refuser l'entrée de l'auberge. Les liens de parenté et d'amitié étaient rompus.

La tourmente a sévi partout en même temps, du nord au sud et de l'ouest à l'est.

« Les Boxeurs n'ont guère été que comme des chiens d'arrêt dont les mandarins se sont servi; les Tsai-Li-Ti sont venus bientôt se joindre aux Boxeurs; mais les grands coupables sont les soldats et les mandarins qui les commandent. Là où les chrétiens ont résisté, les Boxeurs n'ont rien pu faire d'eux-mêmes; malheureusement les soldats sont arrivés à leur aide avec des canons européens et ont tiré sur nos établissements comme sur une forteresse ennemie. »

Quant aux désastres matériels, ils sont énormes, nous en avons déjà parlé; voici ce que disent sur ce sujet les lettres du P. Choulet :

« Ing-Tse, le 31 juillet 1900.

« Yang-Kouan n'existe plus; toutefois les chrétiens se sont dérobés au massacre par la fuite.

« Cha-Ling est détruit également. Le feu a dévoré l'église, la résidence, le collège de la mission, les écoles, la maison des sœurs de la Providence et leur grand orphelinat. C'est le 23 juillet seulement que l'incendie a été allumé; je n'ai aucune nouvelle des sept cents chrétiens du village. Les élèves du collège sont dispersés aux quatre vents du ciel. L'un des plus grands, Fabien Tchao, a été pris et conduit à Leao-Iang. Après avoir confessé la foi dans cinq audiences consécutives, le cher enfant a été décapité. »

« Ing-Tse, le 2 août 1900.

« Actuellement, de tous nos établissements dans nos vingt-cinq districts, il ne nous reste que ceux d'Ing-Tse et de Tcha-Keou (Notre-Dame des Neiges).

« La prise de Kai-Tcheou par les Russes a ramené un peu de paix dans les environs de cette ville. »

D'autres missions furent également frappées. L'évêque du Yunnan et son coadjuteur, ainsi que plusieurs missionnaires, furent chassés en même temps que le consul de France, M. François.

Dans le Chan-Si septentrional, le 27 juin, le vice-roi, le trop fameux Yu-Hsien, ouvrit la persécution. Préparée avec beaucoup d'astuce, elle s'exerça avec une grande cruauté contre les protestants d'abord, contre nous ensuite.

Le 28, il envoya des soldats escortés d'une foule nombreuse composée de la lie du peuple. Leur mission était de piller, d'incendier et de tuer. Mgr Fogolla alla trouver le vice-roi pour demander protection; mais celui-ci répondit brutalement :

« Je ne vous protégerai pas; allez-vous-en ! »

L'après-midi, sœur Marie-Claire, franciscaine-missionnaire de Marie, une autre religieuse et quelques orphelines tentèrent de fuir. Elles purent atteindre les portes de la ville; mais là se tenaient des soldats qui, à tout venant, posaient cette question :

« Êtes-vous chrétien ? »

Si la réponse était affirmative, ils empêchaient de sortir.

A son tour arriva le P. Élie. On l'arrêta et on le traîna au tribunal. Le président lui offrit d'apostasier.

« Ma foi est inébranlable, répondit le courageux confesseur. Plier, jamais ! »

Le mandarin le fit alors conduire à la résidence.

On arrêta encore à la porte sept séminaristes. On leur mit des chaînes au cou, aux mains et aux pieds, et, comme ils refusaient d'apostasier, on les laissa toute la journée dans cet état.

Sur ces entrefaites arrivèrent à la résidence divers mandarins militaires, le bourreau et une longue file de chars. Les mandarins proposèrent aux évêques d'apostasier et leur firent mille menaces. Mais, comme le P. Élie, les prélats répondirent qu'ils n'étaient pas venus d'Europe pour obtempérer à de tels ordres et qu'ils n'étaient nullement émus du sort qui les attendait.

L'interrogatoire terminé, tous se retirèrent. Le soir, le vice-roi envoya des soldats pour brûler l'église; mais, grâce à l'intervention du Tao-Taï et du mandarin militaire, après de vives altercations, la résidence fut épargnée. Le Tao-Taï envoya même soixante soldats pour la garder.

Village près de la Grande-Muraille, aux environs de Pékin.
(D'après une photographie.)

Au bout de huit jours le vice-roi, sous prétexte qu'il ne pouvait garder efficacement la mission, fit conduire dans un appartement de la préfecture les sept religieuses, les PP. Élie et Théodoric, le frère André, dix séminaristes, plusieurs vierges chinoises et les domestiques.

Deux jours après, tous les prisonniers furent conduits au tribunal et mis à mort. Les évêques reçurent sept coups, les autres un seul.

On dit que les sœurs, en entendant la sentence qui les condamnait à mort, entonnèrent le *Te Deum*.

Beaucoup de protestants furent exécutés en même temps.

Dans la crainte que les chrétiens n'emportassent les corps, on les fit, dit-on, brûler.

Il n'y eut pas d'autres missionnaires frappés ce jour-là.

Profitant des ténèbres de la nuit, ils avaient escaladé la muraille le 28 juin. Le P. Dominique, gravement malade, se réfugia, avec deux prêtres chinois, dans un trou à charbon; les autres cherchèrent à passer le fleuve Jaune par des chemins détournés.

Du Hou-Nan méridional, le P. Quirin raconte dans cette lettre émouvante la mort de Mgr Fantosati :

« La persécution du Hou-Nan éclata à Hen-Tcheou-Fou tandis que Mgr Fantosati était en visite pastorale à deux journées de distance de sa résidence ordinaire. J'habitais alors cette résidence en compagnie de deux Pères chinois et d'un jeune missionnaire italien, le P. Céside, de Fossa, qui y était de passage.

« Dans la nuit du 3 au 4 juillet, un mandarin délégué vint m'annoncer qu'une foule ameutée avait détruit la maison du ministre protestant à Hen-Tcheou-Fou et que la mission catholique était menacée.

« — Ayez soin, dis-je au délégué, s'il y a danger imminent, de faire protéger sans retard notre résidence et les orphelinats de la Sainte-Enfance.

« — Impossible de vous donner protection, répondit-il; mais vous pouvez prévenir votre évêque de rentrer promptement à Hen-Tcheou-Fou, d'où il lui sera aisé de se retirer à Han-Kou avec ses missionnaires européens, s'il le trouve bon. »

« Quelque étrange que me parût ce message, alors que toute la préfecture semblait en paix, je le fis immédiatement transmettre à Mgr Fantosati, que je savais très occupé à surveiller la reconstruction d'une chapelle publique incendiée l'année dernière par les païens. Sa Grandeur ne s'émut pas de cette communication, croyant qu'il s'agissait d'une fausse alarme. Monseigneur ne se hâta donc pas de quitter cette chrétienté, où il avait été rejoint par le P. Joseph Gambaro, missionnaire du district.

« Cependant des choses horribles se passaient près de Hen-Tcheou-Fou, dans la résidence épiscopale et à l'orphelinat de la Sainte-Enfance. Le 4 juillet, vers midi, une dizaine d'heures après la visite tardive du mandarin délégué, une foule d'individus de la pire espèce envahirent tout à coup l'église adjacente à la résidence, puis la maison, les cours et les abords. Bientôt commencèrent des actes d'un atroce vandalisme, accompagnés de clameurs d'assassins. Les deux missionnaires chinois avaient pu s'esquiver de la résidence sans être reconnus; mais, le P. Céside et moi, nous n'eûmes que le temps de monter à l'étage et de nous enfermer dans ma chambre. Nous restâmes cachés là pendant deux heures, tandis qu'au dehors on hurlait :

« — Mort aux Européens ! »

« Puis soudain, plus près de nous, retentit un cri :

« — Ils sont dedans ! »

« Les portes de ma chambre furent aussitôt enfoncées ; nous étions pris ! Toutefois les persécuteurs demeurèrent un instant comme étourdis en notre présence, ce qui nous permit à tous les deux de passer au milieu de cette tourbe et de descendre l'escalier pour arriver jusqu'au seuil de la porte principale de notre résidence ; mais là, dans la cour, une foule furieuse nous barra le passage. Déjà les coups de poings et de pierres pleuvaient sur moi de toutes parts et m'avaient renversé ; j'allais périr sans le secours providentiel de quelques chrétiens courageux. Ces braves gens mirent leurs jours en danger pour m'arracher à la mort et me transporter à quinze kilomètres de là, en lieu sûr.

« Le bon Dieu disposa autrement du sort du P. Céside. Celui-ci, voyant les abords de la résidence occupés par les émeutiers, rentra et tenta de se sauver par une porte secrète que, malheureusement, il ne parvint pas à ouvrir. Il dut rebrousser chemin et tomba entre les mains de la bande forcenée, qui le blessa mortellement à coups de lances et de bâtons ; puis, tandis que le martyr râlait, il fut enveloppé dans des liasses de paille arrosées de pétrole et consumé dans les flammes.

« Ce forfait accompli, la horde païenne se mit à incendier l'église, la résidence, les maisons des chrétiens et les orphelinats voisins, qui contenaient près de deux cents filles de la Sainte-Enfance. Les barbares permirent aux orphelines de sortir de leurs asiles avant qu'on y mît le feu ; mais ce ne fut qu'un piège infernal pour s'emparer de toutes à la fois !

« Dès le lendemain de cette néfaste journée, Mgr Fantosati reçut la nouvelle de la mort du P. Céside et apprit, en même temps, les autres désastres. Le jour suivant Sa Grandeur, accompagnée du P. Joseph Gambaro, descendit en barque vers Hen-Tcheou-Fou, espérant pouvoir recourir là aux autorités locales pour conjurer de plus grandes calamités : cruelle illusion du vénéré prélat!

« A quelque distance de l'endroit où l'évêque et le P. Joseph devaient débarquer, ils furent reconnus comme Européens, et, l'éveil ayant été donné le long du rivage lorsque la barque accosta à Hen-Tcheou-Fou, elle se trouva, au bout de quelques instants, entourée de chaloupes pleines de scélérats. Aussitôt commença une scène de sauvage brutalité. L'embarcation de Mgr Fantosati fut assaillie, et, tandis qu'une partie de cette meute furibonde se jetait sur les bagages, l'autre partie s'acharnait sur sa personne. Un violent coup de bâton, appliqué sur la tête, le renversa; il fut ensuite traîné sur la rive, ainsi que le P. Joseph Gambaro.

« C'était là, en présence d'une foule immense de spectateurs, que les attendait la palme du martyre, mais seulement après d'horribles souffrances.

« L'un et l'autre devinrent le jouet de leurs bourreaux : le P. Joseph eut un œil arraché et fut littéralement roué de coups; il expira au bout d'une heure. Son cadavre fut brûlé complètement par les auteurs du crime, à l'endroit même où il venait d'être mis à mort.

« Les tortures souffertes par Mgr Fantosati furent plus affreuses encore et durèrent environ quatre heures. Au sortir de la barque il eut les deux yeux arrachés; on le dépouilla de ses vêtements, on le couvrit de blessures, finalement on l'empala; comme il respirait encore après ce cruel supplice, ses bourreaux l'achevèrent à coups de gourdins, puis brûlèrent son cadavre.

« Telles sont les nouvelles désolantes et glorieuses tout à la fois que nous ont apportées les derniers courriers d'Extrême-Orient. »

Pendant que certaines provinces étaient ravagées, la capitale de l'Empire était en proie à la guerre la plus atroce contre les Européens.

D'autres raconteront le siège des légations européennes par les Boxeurs et par les soldats chinois. Nous ne parlerons ici que des attaques exécutées contre le Pe-Tang.

L'évêché de Pékin, la cathédrale, le séminaire, un orphelinat, un hôpital, des écoles, situés dans la partie nord de la ville, forment ce qu'on appelle le Pe-Tang.

Au moment des événements dont nous venons de raconter une partie, on y comptait deux évêques, Mgr Favier et son coadjuteur, Mgr Jarlin, quatre ou cinq missionnaires, des prêtres indigènes, plusieurs frères français, une soixantaine de sœurs de Saint-Vincent-de-Paul et plusieurs milliers de chrétiens et chrétiennes qui s'y réfugièrent pour échapper aux massacres.

Le Pe-Tang fut défendu avec une héroïque bravoure par une quarantaine d'hommes : trente matelots français, sous le commandement de l'enseigne de vaisseau Paul Henry, et dix matelots italiens.

Le 5 et le 6 juin marquent l'agrandissement du péril; le 8, des villages brûlent de tous côtés et on entend partout des coups de fusil.

Le lundi 11 juin, Mgr Favier écrit : « Du haut de notre église, nous voyons flamber les résidences d'été des Européens aux collines de l'ouest. A neuf heures, de nombreux Boxeurs passent avec leurs étendards le long du mur de la ville jaune. Alerte sérieuse. »

Le 12 juin, il continue ainsi : « Nous saisissons deux païens et un eunuque qui s'étaient introduits furtivement dans notre propriété pour y mettre le feu, et nous les livrons à la police. A onze heures, les Boxeurs incendient d'immenses meules de paille attenantes à la maison des sœurs de Cha-La-Eul. Une nouvelle alerte fait prendre les armes à sept heures du soir, mais elle n'a pas de suite.

« Le 15, cette nuit, les cris de mort des Boxeurs ont rempli l'espace autour de nous : « Cha! cha! (Tuons! tuons!) « Chao! chao! (Brûlons! brûlons!) » Toutes les sœurs ont fait la sainte communion. Du reste, à sept heures, le sud, l'est et l'ouest de nos établissements sont cernés par une foule innombrable de Boxeurs. Leurs horribles cris se font entendre; nous allons certainement être attaqués. Les sœurs et tous leurs enfants viennent à la cathédrale, où se trouvent déjà dix-huit cents femmes ou bébés affolés de peur. Il n'était que temps : les Boxeurs arrivent par le sud à sept heures trois quarts. Leur chef, à cheval, est un lama ou un bonze; il précède un immense drapeau rouge autour duquel marchent de jeunes Boxeurs ayant subi les incantations.

« Tous sont habillés de rouge; ils brûlent des bâtons d'odeur, font des prosternations à l'entrée de notre rue du sud, puis s'avancent en troupe serrée.

« Les marins de notre grande porte les laissent approcher jusqu'à deux cents mètres, puis leur envoient des feux de salve nourris qui couchent quarante-sept de ces « invulnérables ». Les milliers de Boxeurs qui suivaient s'enfuient; nous sortons du Pe-Tang et rapportons cinq sabres et une lance, tandis que les fuyards mettent le feu aux maisons qui nous avoisinent du côté du sud. »

Dans le courant du mois de juillet, les vivres deviennent rares, et les assiégés se demandent s'ils ne mourront pas de faim.

N'importe, ils continuent de combattre avec le courage du désespoir. Hélas! un grand deuil devait les frapper.

Le lundi 30 juillet : « La nuit a été mauvaise, écrit Mgr Favier; on n'a cessé de tirer. Dès sept heures du matin, les canons ouvrent un feu appuyé par une violente fusillade des soldats réguliers. L'enseigne Henry est sur la brèche avec douze hommes, tandis que les Boxeurs entrent surchargés de fascines pétrolées qu'ils enflamment contre le mur nord.

« Le brave Henry se multiplie : plusieurs centaines de Boxeurs sont tués. Malheureusement, deux matelots sont blessés par une même balle qui frappe également au cou notre bien-aimé enseigne. A peine descend-il de l'échafaudage, qu'une seconde balle mauser l'atteint au côté; malgré ces deux blessures mortelles, il se tient debout encore un instant, semblant lutter contre une force invisible qui l'étreint, puis s'affaisse enfin dans les bras d'un prêtre qui lui donne les derniers sacrements.

« Vingt minutes après il expirait en brave soldat, en vrai chrétien. »

Et l'héroïque évêque ajoute :

« Nous n'avons pleuré qu'une fois pendant le siège, ce fut ce jour-là.

« Le quartier-maître Elias prit le commandement du détachement, et Mgr Jarlin se chargea de veiller dorénavant sur le moral de nos Bretons. »

Mais la grave question est toujours celle des vivres.

Les assiégés font peser tout ce qu'il est possible de manger. Le poids total est de sept mille livres, soit sept jours de nourriture, à raison de mille livres par jour pour trois mille personnes.

Enfin, pour eux comme pour les légations, se lève le jour de la délivrance.

Il est grand temps, car c'est le 14 août, et ce jour-là Mgr Favier écrit :

« Nos derniers vivres seront épuisés demain; mais la Providence semble avoir compté les grains de riz, car qui aurait pu compter plus juste ? »

Le 15 août, en effet, les légations étaient délivrées, et, le 16, les soldats français entraient victorieux au Pe-Tang.

X

COUP D'ŒIL GÉNÉRAL SUR LES MISSIONS D'EXTRÊME-ORIENT EN 1900

En terminant cette esquisse trop courte des événements qui ont eu lieu dans les missions d'Extrême-Orient depuis quarante ans, nous allons tracer un tableau général de l'état de ces missions. C'est le meilleur moyen de se rendre compte, au moins approximativement, des succès de l'apostolat.

Commençons par l'Inde.

L'organisation des missions de l'Inde a une base solide et des rouages nombreux. On y trouve, en effet, avec un délégat du souverain Pontife résidant à Kandy, huit archevêchés : Goa, Agra, Calcutta, Bombay, Madras, Pondichéry, Verapoli, Colombo, dont dépendent vingt évêchés : Daman, Cochin, San-Thomé de Meliapour, Dacca, Krisnagar, Allahabad, Lahore, Hyderabad, Poona, Quilon, Mangalore, Magpore, Vizagapatam, Maduré, Mysore, Coïmbatore, Jaffna, Kandy, Galle, Trinquemalé ; ajoutons-y les quatre préfectures apostoliques de Cashmire, Assam, Rajpoutana, Bettiah, et les trois vicariats apostoliques de Trichur, Ernaculam et Canganachéry, habités par des chrétiens syriaques.

Le personnel, évidemment inférieur en nombre aux besoins et aux aspirations, a notablement augmenté ; il est formé d'abord de plus de huit cents prêtres dans les diocèses portugais, ensuite de sept cent soixante missionnaires européens appartenant à dix congrégations : les Capucins français et italiens; les Missions étrangères françaises de Paris, anglaises de Mill-Hill, italiennes de Milan; les Jésuites français, belges et allemands; le Divin-Sauveur, Sainte-Croix, les Oblats de Marie, Saint-François de Sales d'Annecy, les Carmes déchaussés. Ces congrégations ont pour auxiliaires plus de sept cents prêtres indiens.

Mais, s'il n'y avait que des évêques, des missionnaires et des prêtres indiens, que de besogne resterait à faire, d'œuvres à établir ou à continuer ! Des congrégations d'hommes et de femmes sont donc venues les aider, et les Frères des Écoles chrétiennes coudoient ceux de Saint-Patrick, sans compter ceux qui appartiennent aux sociétés apostoliques déjà nommées. Près des Européens il y a les Indiens, connus sous le nom de Frères de Saint-Joseph, Oblats de Saint-Benoît, Oblats de Saint-Sylvestre, Tertiaires de Saint-François d'Assise et Tertiaires du Carmel.

Les congrégations de femmes sont beaucoup plus nombreuses ; il y en a vingt-cinq, européennes ou indiennes, dont les principales sont celles du Bon-Pasteur d'Angers, de Saint-Joseph de Cluny, de Sainte-Marie de Bavière, du Carmel, de Sainte-Anne, de Saint-Louis de Gonzague, etc.

Le total des religieux et des religieuses de tout ordre et de toute nationalité dépasse trois mille. On s'imagine bien que cette armée, marchant sous la triple bannière de la chasteté, de l'obéissance et de la pauvreté, à l'assaut du paganisme, a fait quelques conquêtes. Grâce à Dieu, il en est ainsi. Le nombre des catholiques, dans l'Inde, a augmenté de plus de un million; en 1800 il était de quatre cent soixante-quinze mille; il s'élève aujourd'hui à un million huit cent quatre-vingt mille. Les catholiques appartiennent en majorité aux classes pauvres.

La prédication de l'Évangile, à ses débuts, convertit principalement ceux que le monde méprisait; l'empreinte dont elle fut alors marquée ne s'est pas effacée. Cependant on compte, parmi eux, un certain nombre de familles riches et bien posées, des médecins, des ingénieurs, des avocats, de hauts employés, même dans les cours païennes des conseillers royaux, qui honorent par leur situation, leurs services et leur intelligence, la religion catholique aux yeux des brahmanistes, des bouddhistes et des musulmans.

Ils sont plus nombreux dans le sud de l'Inde que dans le nord. En effet, excepté l'archidiocèse de Calcutta, qui possède soixante-cinq mille catholiques, les diocèses des régions septentrionales n'ont pas chacun dix mille fidèles. Mais parcourez la statistique des diocèses du sud, et vous voyez Pondichéry avec deux cent vingt mille chrétiens; Maduré, deux cent mille; Colombo, cent quatre-vingt mille; Quilon, quatre-vingt-cinq mille, etc.

Il y a plusieurs causes à cette différence; mais la principale vient du mahométisme, beaucoup plus répandu dans les pays d'Agra, de Lahore et les régions voisines. Or, s'il est exagéré de dire que l'herbe ne pousse plus sur le sol qu'a foulé une arme musulmane, il est d'une expérience trop de fois prouvée que les sectateurs de Mahomet ne se convertissent pas. La morale facile du prophète est peut-être une des raisons; elle n'est pas, croyons-nous, la plus forte, et il faut chercher le motif véritable de cette étrange et durable obstination dans la foi que les musulmans ont en leur doctrine et dans les vérités rares et partielles qu'elle leur offre.

Certaines circonstances sont aussi venues en aide aux ouvriers apostoliques des diocèses méridionaux, pour leur permettre d'augmenter rapidement le nombre de leurs fidèles; l'une des principales est la famine qui, depuis vingt-cinq ans, a tant de fois désolé l'Inde. Dépensant alors, au milieu du fléau, toutes leurs ressources particulières et celles de leurs missions, les évêques ont nourri, logé, sauvé des milliers et des milliers d'affamés; et, en face de ce dévouement sans borne et s'affirmant sans cesse, les cœurs se sont attendris, les esprits ont été éclairés, et des conversions nombreuses ont réjoui et agrandi l'Église de Dieu.

C'est ainsi que, dans le diocèse de Pondichéry, plus de cent mille infidèles ont été baptisés depuis 1880, plus de cinquante mille au Maduré, un nombre considérable à Vizagapatam.

Les catholiques, il faut bien l'avouer, ne sont pas les seuls à avoir fait des progrès pendant ce siècle ou pendant ces dernières années, les protestants de toutes sectes ont également marché de l'avant. D'après les renseignements publiés par eux, leurs adeptes dépasseraient le chiffre de un million; mais leur force réside moins dans ce nombre que dans leurs œuvres d'éducation. Ils ont plus de cinquante grands collèges, donnant l'instruction à soixante mille élèves environ. Ils ont des écoles professionnelles, industrielles, agricoles; des centaines d'orphelinats et hôpitaux.

Nous ne voulons pas nier leur activité, le dévouement de beaucoup d'entre eux; mais c'est aux ressources énormes dont ils disposent qu'ils doivent principalement d'avoir pu faire tant de choses.

Le grand mal qu'ils commettent, ou, ce qui est la même chose, le grand reproche que les missionnaires leur font, c'est de jeter dans le scepticisme la plupart de leurs adhérents instruits.

Un paysan protestant croit encore à quelque chose de surnaturel; un ancien élève des collèges protestants de Bombay, de Madras, de Calcutta ou d'ailleurs, ne croit plus à rien, son cœur est desséché, son âme flétrie; son intelligence ne voit plus que la terre.

Il en faut dire presque autant de l'instruction gouvernementale. Or l'une et l'autre sont extrêmement répandues.

Ceux qui ne sont pas familiers avec les choses de l'Inde ou n'ont pas visité ce pays ne peuvent se faire une idée de l'extension que les études y ont prise depuis quarante ans. C'est que les grades universitaires sont devenus une condition essentielle pour arriver aux emplois publics. Alors l'Indien s'est jeté, pour ainsi dire, tête baissée dans les écoles, non pour l'amour de la science, pour la formation intellectuelle et morale de la jeunesse, on le devine sans peine, mais pour obtenir des emplois, des honneurs, des richesses.

Vouloir retarder la marche de ce mouvement effréné serait s'opposer à toutes les aspirations les plus vives du pays, se faire regarder comme une société surannée, qui n'est plus de son temps ni à la hauteur de la position, paralyser complètement le ministère des missionnaires. L'Église de l'Inde signerait son arrêt de mort si, comme l'a dit un grand évêque de France, elle ne savait pas, avec un tact merveilleux, faire concourir au progrès de son œuvre les événements de chaque siècle, les changements qui s'opèrent dans les nations au milieu desquelles elle se trouve placée. On peut déplorer les excès et les nécessités nouvelles qu'ils entraînent, mais les plaintes n'en arrêteront pas le cours. Il n'y a qu'un seul remède, c'est de les aborder résolument.

Établir des écoles catholiques capables d'attirer les enfants des païens est une des œuvres principales que doit se proposer l'Église de l'Inde; là est une partie de son avenir. Si elle ne peut offrir à la jeunesse païenne les moyens de se préparer aux emplois publics, il lui faudra se résoudre à la voir s'éloigner et demander aux sectes protestantes ce qu'elle ne peut lui donner.

Or voici le jugement qu'un Anglais a prononcé sur les écoles dirigées par les sectes. Dans le cours d'une visite qu'il faisait à un établissement de ce genre qui ne comptait pas moins de deux cents élèves païens, le directeur lui dit :

« Voyez ces enfants, ils sont tous chrétiens !

— Sont-ils baptisés ?

— Oh ! non ; mais tous lisent la Bible.

— Ah ! disait l'Anglais en se retirant, les écoles neutres ou sans Dieu du gouvernement sont bien mauvaises, parce qu'on n'y enseigne rien qui puisse former le caractère de l'écolier indien et relever son moral ; mais il n'y en a pas de pires que celles tenues par les sociétés dissidentes wesleyennes, luthériennes, londonniennes, etc. Nous semons par là les germes d'une révolution qui, tôt ou tard, se tournera contre nous. »

Vouloir, en effet, mettre la Bible entre les mains de la jeunesse païenne, c'est donner une arme dangereuse à l'enfant qui, dans son ignorance, s'en servira contre lui-même aussi bien que contre celui qui a eu l'imprudence de lui faire un tel présent.

Voici, à l'appui de cette observation, un fait qui s'est passé dans le collège païen de la ville de Coïmbatore. La lecture de la Bible y était obligatoire. Deux fois par semaine, un ministre de la société de Londres venait l'expliquer aux élèves. Or, un jour, celui-ci attaqua les livres religieux des Hindous comme contenant des choses infâmes et des fables absurdes. Un murmure d'indignation s'éleva de tous côtés. Un élève, la Bible en main, se mit à lire les faits historiques qui ont trait à la conduite scandaleuse de certains personnages, faits qu'il considérait comme partie intégrante de la religion contenue dans le livre sacré. Il releva ensuite plusieurs passages allégoriques qu'il traitait de fables, et finit par conclure à la supériorité incontestable de l'hindouisme sur le christianisme. En vain le ministre voulut donner des explications, il ne satisfit personne. Des paroles offensantes de part et d'autre furent même échangées. Les élèves, au nombre de deux cents, se levèrent et se retirèrent en disant qu'ils rentreraient, mais à la condition que le ministre ne mettrait plus le pied dans le collège.

Pour répondre à ces besoins, les missionnaires ont donc fondé de grands et nombreux collèges : c'est ainsi que les Jésuites ont, à Trichinopoly, un collège de dix-huit cents élèves, à Bombay un autre de quatorze cents élèves; que les Missions Étrangères de Paris dirigent le collège de Cuddalore avec treize cents élèves; celui de Bangalore avec sept cents élèves; les Oblats de Marie, un collège à Colombo ayant cinq cents élèves.

On croit rêver en lisant de pareils chiffres et plus encore en voyant ces classes nombreuses où des jeunes gens de dix-huit ans, de vingt ans, mariés, pères de famille, suivent les programmes des universités anglaises.

A côté des collèges s'élèvent des imprimeries d'où sortent des livres classiques, des ouvrages de philologie, de piété, de controverse.

Terminons ce tableau trop rapide de l'état de l'Église de l'Inde par l'indication de quelques œuvres de charité.

Dans l'archidiocèse d'Agra, seize orphelinats renferment treize cents enfants; Allahabad possède six orphelinats avec cinq cent quatre-vingt-quinze enfants; Bombay, une maison pour les sourds-muets, une léproserie; le diocèse de Maduré, quatre hôpitaux; ceux de Mysore et de Coimbatore, quatre hôpitaux et six dispensaires, où plus de deux cent mille malades sont soignés chaque année. Au total, cent deux orphelinats ayant six mille cent cinquante enfants, et une centaine d'hôpitaux, d'asiles pour les vieillards et de refuges.

Passons maintenant à l'Indo-Chine.

Voici d'abord la mission de la presqu'île de Malacca, qui compte : un évêque, trente et un missionnaires, quarante et un catéchistes, vingt-quatre mille catholiques, quarante églises ou chapelles, six collèges et pensionnats tenus par les Frères des Écoles chrétiennes et par les Dames de Saint-Maur, soixante et une écoles primaires ayant en tout trois mille cent quatre-vingt-seize élèves, vingt-cinq orphelinats avec cinq cent quatre-vingt-onze enfants. La mission n'a eu à fonder ni hospice, ni hôpital, parce que le gouvernement anglais laisse aux prêtres catholiques toute latitude pour visiter, évangéliser et baptiser les malades dans les hôpitaux qu'il a fondés et qu'il entretient.

La mission de Siam possède actuellement : un évêque, cinquante et un missionnaires, dix-huit prêtres indigènes, quatre-vingt-un catéchistes, un séminaire avec soixante-deux élèves, soixante-six églises ou chapelles. Les chrétiens sont au nombre de trente et un mille, répandus dans tout le royaume, mais principalement dans le delta du Menam et au Laos, sur les bords du Mékong.

Avec les progrès de l'évangélisation et l'augmentation du nombre des catholiques, la mission de Siam a vu également se fonder des œuvres d'instruction et de charité.

Le collège de Bangkok, connu sous le nom de collège de l'Assomption, fondé et dirigé par les missionnaires, renferme plus de quatre cents élèves; et, il y a quelques mois, en le visitant, le gouverneur général de l'Indo-Chine, M. Doumer, se plaisait à adresser au supérieur, le P. Colombet, des éloges bien mérités. Il y a quelque temps, en effet, le roi de Siam ordonna un concours public entre les élèves des différentes écoles royales ou autres de Bangkok. Il fit publier les conditions de ce concours, dont le prix, divisible par moitié entre les deux premiers lauréats, était une somme de deux mille cinq cents livres anglaises (62500 francs).

Un professeur à l'école du Palais, ancien élève du collège des missionnaires, obtint de prendre part à la lutte. Le collège présenta de son côté trois sujets remplissant les conditions voulues.

Le concours, commencé le 1er mars, se termina le 5; il y avait une trentaine de concurrents. Quelques jours plus tard, les résultats furent officiellement proclamés : le professeur du Palais était le premier, les élèves de l'Assomption avaient obtenu les numéros 2, 3 et 4. Le second lauréat, jeune homme de dix-sept ans, catholique de vieille souche, se rendit à Londres afin de terminer ses études aux frais du roi.

Les Dames de Saint-Maur dirigent un pensionnat qui compte environ deux cents élèves européennes et eurasiennes; à cette maison elles ont adjoint un orphelinat.

En 1896, la mission commença la construction d'un grand hôpital pour les Européens, principalement pour nos marins en station à Bangkok; elle l'acheva en 1898. L'administration en est confiée aux Sœurs de Saint-Paul de Chartres, et un médecin français donne ses soins aux malades. L'architecte de l'établissement, qui est un missionnaire, le P. Romieu, a réussi à faire un hôpital modèle. C'est le jugement porté par tous ceux, médecins ou voyageurs, qui l'ont visité. Ils en ont admiré la belle disposition et l'excellente situation à tout point de vue. Les nouvelles prescriptions de l'hygiène y ont été scrupuleusement observées, et un journal protestant n'a pas craint de dire :

« A ne considérer que Bangkok et sa communauté européenne, on pourrait presque traiter cet hôpital de luxueux, s'il n'était dédié à saint Louis, qui trouvait que rien n'était trop beau pour les membres souffrants de l'humanité. »

La Birmanie est divisée en trois missions : méridionale, septentrionale, orientale, renfermant : trois évêques, soixante-dix-sept missionnaires, treize prêtres indigènes, quarante-trois frères des Écoles chrétiennes, soixante-dix-neuf religieuses européennes, vingt-cinq religieuses indigènes, cent vingt-trois catéchistes, cinquante-six mille sept catholiques; neuf cent soixante-quatorze baptêmes d'adultes en 1898, quatorze cent trente-quatre baptêmes d'enfants de païens en 1898, trois cent trente-cinq églises ou chapelles, quatre séminaires avec quatre-vingt-trois élèves, deux cent neuf collèges et écoles comprenant six mille neuf cent quatorze élèves, quarante-quatre orphelinats élevant onze cent quatre-vingt-treize enfants, quatre hôpitaux, vingt-neuf dispensaires et pharmacies.

Nous ne voulons pas quitter la mission de Birmanie sans parler d'un vaste établissement récemment fondé pour les lépreux près de Mandalay, par le P. Wehinger, des Missions Étrangères de Paris. Dans un large enclos s'élèvent huit pavillons, quatre pour les hommes et quatre pour les femmes. Les malades sont au nombre de deux cent cinquante; le personnel se compose de deux missionnaires, six Franciscaines missionnaires de Marie, qui s'y sont rendues en 1897, un catéchiste, un maître d'école, un commis, quatre porteurs d'eau, etc.

La mission du Cambodge et les trois missions de Cochinchine comptent une population totale de sept millions huit cent quatre-vingt-huit mille habitants, deux cent treize mille sept cent onze catholiques, quatre évêques, cent quatre-vingts missionnaires, cent quarante-trois prêtres indigènes, vingt-huit Frères des Écoles chrétiennes européens, vingt-deux Frères des Écoles chrétiennes indigènes, cent trente et une religieuses européennes, Sœurs de Saint-Paul de Chartres et Sœurs de la Providence, treize cent quatre-vingt-trois religieuses indigènes, deux cent quatre-vingt-dix catéchistes, mille quatre-vingt-dix-neuf églises ou chapelles, sept séminaires avec cinq cent cinquante-deux élèves, trois cent trente-sept écoles comptant dix-sept mille sept cent soixante-treize élèves, une imprimerie, cinquante-sept orphelinats, dix-neuf hôpitaux, quatorze dispensaires.

Ces contrées, nul de nos lecteurs ne l'ignore, ont été bouleversées par des persécutions sans exemple dans l'histoire de l'Église; de 1883 à 1886, plus de cinquante mille catholiques furent tués, des centaines de stations chrétiennes furent brûlées. Et aujourd'hui qu'en est-il? Nous pouvons le dire avec vérité, malgré la haine et la fourberie des lettrés et des mandarins, l'exemple parfois assez fâcheux qu'offrent les Européens, la situation des missions de l'Indo-Chine française ne fut jamais aussi bonne, et la meilleure preuve qu'on en puisse donner est le nombre sans cesse croissant des conversions. Nous n'avons pas de chiffres pour les trois missions des Dominicains espagnols; mais voici ceux que nous présente la société des Missions Étrangères de Paris [1].

1887	5 782
1888	10 874
1889	15 653
1890	20 379
1891	18 690
1892	15 364
1893	14 588
1894	12 404
1895	12 534
1896	16 722
1897	22 534
1898	39 938

L'année 1898 seulement, on le voit, a enregistré trente-neuf mille neuf cent dix-huit conversions. En supposant, ce qui n'a rien d'extraordinaire, que dans les trois vicariats confiés aux Dominicains espagnols la proportion soit la même, on arrive à un total de plus de soixante mille conversions en une seule

[1] Le nombre des catholiques qui, en 1886, dans les sept vicariats confiés aux Missions Étrangères de Paris, était de trois cent cinquante-trois mille cent quarante-cinq, s'élève maintenant à cinq cent quarante six mille deux cent seize.

Évêché et cathédrale de Tokio (Japon).

année. Mais n'y en aurait-il que cinquante mille, qu'il faudrait encore remercier la Providence de tant de bénédictions données au labeur des ouvriers apostoliques, et se réjouir pour la France, notre pays, de voir des phalanges si nombreuses se ranger loyalement sous son drapeau; car, on le sait à n'en plus jamais douter, les chrétiens sont en Extrême-Orient les plus fidèles amis de la France. Et de ces amis fidèles il y en a, dans toute l'Indo-Chine française, sept cent soixante-dix-neuf mille trois cent trente-six, auxquels il faut ajouter les cinq mille catholiques du Laos, qui ont, jusqu'à ce jour, appartenu à la mission de Siam et en sont maintenant séparés par l'érection d'un nouveau vicariat apostolique, qui est le onzième de l'Indo-Chine française, car il y en a encore six au Tonkin oriental dont il importe de parler.

Le Tonkin oriental, qui, d'après des statistiques publiées en 1898, compte quarante-trois mille sept cent vingt catholiques sur une population totale de deux millions, vingt et un districts, deux cent vingt stations, cinquante églises, cent cinquante chapelles, un évêque, Mgr Terrès, sacré en 1882, et dont la résidence est à Hai-Dzuong, dix missionnaires dominicains, trente-huit prêtres indigènes, quatre-vingt-un catéchistes; il y a deux séminaires, l'un à Ké-Sat et l'autre à Nam-Am, avec vingt et un élèves en théologie et cinquante-quatre dans les classes de latin, une centaine d'écoles avec cinq cents enfants, cinquante-huit religieuses indigènes tertiaires de Saint-Dominique et cinq Sœurs européennes de la congrégation de Saint-Paul de Chartres.

Le Tonkin central, érigé en 1848, est beaucoup plus important; il a cent soixante-six mille six cent soixante catholiques sur quatre millions d'habitants : huit cent quinze églises ou chapelles, un évêque résidant à Bui-Chu, douze Dominicains espagnols et cinquante-six prêtres indigènes. Les élèves du grand et du petit séminaire sont au nombre de cent trente-quatre. Dans les écoles on compte six cent soixante-dix-neuf élèves; deux orphelinats recueillent quatre-vingt-quinze enfants; trois léproseries donnent asile à plus de cent cinquante malades. Il y a trois couvents de religieuses Amantes de la Croix, abritant soixante-trois personnes, et seize maisons de Tertiaires Dominicaines avec six cent quatre religieuses.

Le Tonkin septentrional, formé en 1883 d'une partie de la mission du Tonkin oriental, possède seulement vingt-deux mille cinq cent quarante catholiques dispersés au milieu de deux millions cinq cent mille païens, divisé en seize districts et en cent quarante-cinq stations. Le vicaire apostolique, Mgr Colomer, réside à Bac-Ninh; il est aidé par six Dominicains espagnols, vingt-quatre prêtres indigènes et quarante-six catéchistes. Il y a deux séminaires, l'un à Das-Ngan et l'autre à Ke-Ne avec quarante élèves, une vingtaine d'écoles, deux orphelinats, cinquante-trois Tertiaires de Saint-Dominique.

Le Tonkin occidental, dont fut évêque Mgr Puginier, bien connu de tous nos lecteurs, et dont le titulaire est aujourd'hui Mgr Gendreau, est le plus important de toute l'Indo-Chine française par le nombre de ses prêtres et par celui de ses fidèles. En voici la statistique :

Deux cent un mille sept cent trente-deux catholiques, deux évêques, cinquante-neuf missionnaires, cent seize prêtres indigènes, cinq cent quarante-sept catéchistes, huit Frères des Écoles chrétiennes, trente-cinq religieuses de Saint-Paul de Chartres, trois cent quatre-vingt-douze religieuses annamites Amantes de la Croix, huit cent quarante-huit églises ou chapelles, trois séminaires avec trois cent quatre-vingt-quinze élèves, trois collèges et pensionnats, six cent quarante-deux écoles avec neuf mille trois cent seize élèves, neuf orphelinats, dix-huit dispensaires.

Le Tonkin méridional fut formé, en 1846, de deux provinces séparées du Tonkin occidental, le Nghé-An et le Ha-Ting, de l'arrondissement du Bo-Chinh et de quelques contrées laotiennes; il y a une population catholique de cent douze mille six cent trente-cinq sur deux millions d'habitants. Mgr Pineau, sacré en 1886, réside à Xa-Doai, dans la province du Nghe-An; il a sous sa direction trente et un missionnaires de la société des Missions Étrangères, soixante-six prêtres indigènes, deux cent vingt-deux catéchistes, cent quarante-deux religieuses Amantes de la Croix, et on compte dans son vicariat trois cent quatre-vingt-quatre églises ou chapelles; deux séminaires donnent l'instruction à trois cent vingt élèves, cent sept écoles à cinq mille deux cent quarante-cinq enfants, et six orphelinats nourrissent trois cent vingt-cinq enfants. Il y a une école agricole, un hôpital et onze dispensaires.

Le haut Tonkin, formé des provinces de Son-Tay, Tuyen-Quang, Hung-Hoa et des régions sauvages environnantes qui relevèrent pendant longtemps de la mission du Tonkin occidental, ne fut érigé en vicariat qu'en 1895. Il est donc tout récent; aussi le personnel et les œuvres y sont moins nombreux que dans les autres; le voici : chrétiens, dix-sept mille; évêque, un; missionnaires, vingt; prêtres indigènes, onze; catéchistes, cinquante-six; religieuses Amantes de la Croix, trente-six; églises ou chapelles, cent quatorze; séminaire, un, avec quatre-vingt-un élèves; orphelinat, un; dispensaires, deux.

Pénétrons maintenant en Chine et indiquons, avec les différentes sociétés qui évangélisent l'Empire du Milieu, le nom de tous les vicariats apostoliques, le nombre des missionnaires européens et celui des catholiques.

La première, par le nombre des missionnaires et celui des chrétiens, est la société des Missions Étrangères de Paris; elle dirige dix vicariats, en y comprenant le Thibet; ce sont : la Mandchourie méridionale, la Mandchourie septentrionale, le Su-Tchuen oriental, occidental, méridional, le Yun-Nan, le Kouy-Tcheou, le Kouang-Si, le Kouang-Tong. Tous les missionnaires de ces provinces sont français, on en compte deux cent soixante-neuf avec cent quatre-vingt-un mille quinze catholiques.

Les Franciscains ont cent vingt-six missionnaires européens et cent neuf mille quatre cent vingt-huit fidèles dans leurs neuf vicariats, qui sont : le Chen-Si septentrional, le Chan-Si septentrional, le méridional, le Chang-Tong septentrional, l'oriental, le Hou-Nan méridional, le Hou-Pé septentrional, l'oriental, le méridional. Le vicariat du Chan-Tong oriental est confié aux Franciscains français, celui du Hou-Pé méridional aux Belges; celui du Chan-Si aux Hollandais, et les autres à des Franciscains de nationalité diverse, la plupart italiens.

Les Lazaristes dirigent six vicariats, dans lesquels on compte quatre-vingt-cinq missionnaires européens et cent trois mille catholiques. En voici les noms : le Tche-Ly septentrional (Pékin), le Tche-Ly occidental, le Tche-Kiang, le Kiang-Si septentrional, le méridional et l'oriental. Tous les évêques, chefs de ces missions, sont français, et la grande majorité des missionnaires également.

La société de Marie Immaculée, que l'on appelle ordinairement Missions étrangères de Scheut (Belgique), possède soixante-neuf prêtres belges et trente mille deux cent quarante-deux fidèles dans ses cinq missions : Mongolie orientale, centrale, méridionale, Kan-Sou et Hi.

Les Missions étrangères de Milan dirigent trois vicariats : le Ho-Nan septentrional, le méridional, et Hong-Kong. On y compte dix-sept missionnaires tous italiens, et douze mille huit cent quatre-vingt-cinq chrétiens.

La Compagnie de Jésus possède seulement deux vicariats, mais l'un est très grand, puisqu'il est formé de deux provinces, Ngan-Ksei et Kiang-Sou, c'est le Kiang-Nan ; l'autre est le Tche-Ly sud-est. Cent soixante-dix religieux tous français donnent leurs soins à cent soixante mille catholiques.

L'ordre de Saint-Dominique a également deux vicariats : le Fo-Kien nord et le Fo-Kien sud, plus généralement appelé Amoy, du nom de la ville où réside l'évêque de cette mission. On y compte vingt-trois missionnaires espagnols et environ quarante mille catholiques.

Les Augustiniens s'occupent du Hou-Nan septentrional, qui possède seulement dix missionnaires et trois mille fidèles.

Le séminaire Saint-Pierre-et-Saint-Paul de Rome a un vicariat, le Chen-Si méridional, avec quinze missionnaires et cent vingt mille chrétiens.

La société des Missions Étrangères de Steyl (Hollande) a également un vicariat, le Chang-Tong méridional, avec quatorze missionnaires allemands ou hollandais et dix mille catholiques. L'évêque est Mgr Unzer, qui a placé sa mission sous le protectorat de l'Allemagne ; c'est la seule en Chine dont la France n'ait pas à s'occuper.

Et maintenant, si nous récapitulons les chiffres que nous venons de donner, nous voyons que dix sociétés apostoliques ou religieuses dirigent trente-neuf vicariats, dans lesquels on compte sept cent quatre-vingt-dix missionnaires européens, dont près de six cents sont français, et six cent soixante et un mille cinq cent soixante-dix catholiques.

Dans la Corée si longtemps persécutée le nombre des catholiques dépasse aujourd'hui trente-six mille divisés en vingt-huit districts et en cinq cent cinquante-quatre stations, sous la direction d'un évêque et de trente et un missionnaires.

Parmi ces néophytes, presque toutes les classes de la société sont représentées, même celles qui sont sur les marches du trône, puisque on y a vu la mère du roi, femme du plus grand persécuteur que le catholicisme ait eu en Corée. Chrétienne, la princesse Marie l'était par le cœur depuis de longues années. Dès l'époque sinistre où le régent s'acheminait à l'extermination du nom chrétien, à ses côtés même, elle étudiait le catéchisme et les prières. Elle fut longtemps retenue et comme enchaînée par une participation à des actes idolâtriques ou superstitieux, que le malheur des temps et sa situation lui rendaient presque inévitable. Quand elle eut rompu tous ses liens et qu'elle se sentit libre, elle demanda avec instance la grâce de la régénération. Mgr Mutel eut la joie de la baptiser et de lui administrer la confirmation en octobre 1896. Un peu plus tard, il la revit encore pour entendre sa confession et lui donner la sainte communion. Ce devait être sur la terre leur dernière entrevue. Quelques mois plus tard, elle tomba malade pour ne plus se relever. Le secret profond qui planait sur sa conversion ne permit pas qu'on lui portât le secours des derniers sacrements; mais jusqu'à la fin elle fut assistée par une de ses femmes de chambre chrétienne qui se servait pour l'exhorter de paroles et de signes de convention, dont l'entourage païen ne pouvait percer le mystère. La princesse Marie mourut le 8 janvier 1898.

Avec ce mouvement important vers le catholicisme, il faut signaler en Corée : la construction de la cathédrale achevée en 1898, et dont les flèches élégantes attirent le regard du voyageur, étonné et heureux de voir ce monument superbe si rapidement élevé au lendemain des persécutions; la présence des religieuses de Saint-Paul de Chartres, qui se sont établies au nombre de dix à Séoul et à Chemulpo, où elles ont ouvert leurs rangs à des jeunes filles coréennes désireuses de se consacrer à Dieu; aujourd'hui elles comptent onze professes, et vingt-huit novices ou postulantes se préparent à les suivre; l'organisation solide du grand et du petit séminaire, d'où sont sortis six prêtres indigènes; l'installation d'un dispensaire dans lequel deux mille huit cent soixante-dix-huit malades ont été soignés pendant l'année dernière; l'établissement de deux orphelinats avec quatre cent dix-sept enfants et de trente-cinq écoles avec trois cent vingt-neuf élèves.

Terminons par le Japon, où la liberté religieuse entière a été proclamée en 1889, lorsque la monarchie jusqu'alors absolue devint constitutionnelle.

La nouvelle constitution, dans l'article vingt-huit, s'exprimait en ces termes :

« Les sujets japonais jouiront de la liberté de croyance religieuse en tout ce qui n'est pas préjudiciable à la paix et au bon ordre, ni contraire à leurs devoirs de sujets. »

Cette déclaration eut à Rome un grand écho ; Léon XIII, qui avait déjà créé en 1888 un troisième vicariat, celui du Japon central, en créa un quatrième le 17 avril 1891; il établit la hiérarchie catholique, élevant Tokio au rang d'archevêché avec trois évêchés pour suffragants : Nagasaki, Osaka et Hakodaté.

Depuis lors les quatre diocèses du Japon, dirigés par un archevêque et trois évêques, qu'aident cent douze missionnaires français, ont continué de développer leurs œuvres et d'augmenter le nombre des chrétiens.

Parmi les œuvres, la première par l'importance est celle du clergé indigène.

L'histoire ne pourra pas faire aux nouveaux missionnaires du Japon le reproche que Rohrbacher fait aux anciens de ne pas s'être assez préoccupés de la formation d'un clergé indigène. Cette œuvre est en très bonne voie, vingt-six prêtres ont déjà été ordonnés.

Près d'eux sont les catéchistes auxiliaires, d'une formation moins laborieuse, mais très utiles. On en compte deux cent quatre-vingt-quatre.

Afin de pouvoir atteindre les classes les plus élevées de la société, les évêques du Japon ont fait appel aux Marianites, bien connus par leur collège Stanislas de Paris, et leur ont demandé de fonder dans les principales villes des collèges où se donnerait, en même temps qu'une instruction solide, une éducation honnête et distinguée. Les premiers religieux arrivés à Tokio en 1887, sous la direction de M. l'abbé Heinrich, furent recommandés aux autorités japonaises par le ministre de France. Après avoir obtenu l'autorisation d'ouvrir un établissement à la capitale, ils louèrent dès l'année suivante un local provisoire, et leur première rentrée se fit avec soixante élèves. Le nombre des élèves est allé jusqu'ici, d'année en année, en augmentant. En 1894, leurs classes virent passer cent quarante-deux élèves.

A la fin de la période scolaire, le nombre des présents était de cent vingt, dont quatre-vingt-cinq pensionnaires et trente-cinq externes. Mgr Osouf relevait à ce propos quelques détails de statistique qui montrent de combien d'éléments divers est composé ce personnel.

« Des cent vingt élèves, disait-il, trente et un sont catholiques, quinze protestants, quinze catéchumènes, deux juifs et cinquante-sept païens ou sans religion. La variété est plus grande encore du côté des nationalités. Il y a quarante-trois Japonais, vingt-trois Anglais, quatorze Français, douze Allemands, cinq Américains, cinq Italiens, trois Espagnols, trois Hollandais, trois Suisses, trois Chinois, deux Portugais, deux Danois, un Autrichien et un Écossais; soit quatorze nationalités représentées dans un collège de cent vingt élèves. »

A la rentrée de 1895 le nombre des élèves était de cent soixante; un tiers d'entre eux Japonais, un second tiers Européen, un troisième métis.

Les Marianites ont fondé, vers la fin de 1891, une seconde maison à Nagasaki, à proximité des vieilles chrétientés, dans le but d'y avoir non seulement une école mais un noviciat. Des religieux japonais leur seront en effet de la plus grande utilité pour l'enseignement de la langue et de la littérature du pays. Cet établissement, fort bien situé sur une colline dominant la rade, porte le nom de Kai-Sei-Gakko (école de l'Étoile de la mer). Enfin, tout dernièrement, ils ont installé à Osaka leur troisième collège : « l'Étoile brillante ».

Parmi les œuvres de charité dont s'occupent les religieuses du Saint-Enfant-Jésus, de Chauffailles, de Saint-Paul de Chartres, les dames de Saint-Maur, il faut citer les orphelinats de filles qui abritent quinze cents enfants, les orphelinats de garçons, particulièrement celui de Segi-Kuchi à Tokio, qui a plus d'une fois reçu publiquement le titre d'école professionnelle, à cause des divers métiers auxquels y sont formés les jeunes gens au sortir de leurs classes élémentaires. Quelques-uns, mieux doués et montrant du goût pour les études, sont envoyés à d'autres écoles et dirigés selon leurs aptitudes vers une carrière libérale.

Dans l'orphelinat de Notre-Dame-des-Anges, à Hakodaté, et dans celui d'Omura, situé à vingt-cinq kilomètres de Nagasaki, les orphelins apprennent l'agriculture.

Parmi les hôpitaux et les hospices, citons celui de Nagoya, où une quarantaine de vieillards reçoivent la nourriture du corps et celle de l'âme; la léproserie de Gotemba et celle de Kumamoto. Dans cette dernière, les religieuses franciscaines missionnaires de Marie viennent d'aller consacrer leur dévouement aux pestiférés. Enfin, pour attirer les bénédictions du ciel par la prière et édifier les hommes par l'exemple de la mortification, les missionnaires ont appelé près d'eux en 1897 et en 1898 des Cisterciens et des Cisterciennes, qui se sont fixés dans le diocèse d'Hakodaté.

La presse ayant une très grande influence au Japon, quelques ouvriers apostoliques se sont faits journalistes; ils ont publié en japonais une cinquantaine d'ouvrages traitant surtout de matières religieuses. Depuis 1880, ils ont eu, sous divers noms, une revue où sont discutées les principales questions de théologie, de philosophie, de sciences, et qui donne en outre les nouvelles religieuses du Japon et de la catholicité. Elle porte actuellement le nom de *Tenchijiin* (*l'Univers*) et se publie à Tokio. Une feuille hebdomadaire plus modeste est imprimée à Kioto, le *Koye* (*la Voix*).

Telle est, brièvement racontée par des chiffres, la situation des Missions d'Extrême-Orient; très belle quand on la compare à ce qu'elle était il y a un siècle, plutôt modeste lorsque l'on considère tous les travaux et toutes les souffrances des ouvriers apostoliques, la générosité du monde catholique et surtout lorsque l'on songe au grand nombre de païens encore à l'ombre de la mort. Puisse l'avenir être meilleur que le passé, plus brillant que le présent, en tous points digne du zèle que déploient les missionnaires pour faire connaître à ces lointaines contrées le Dieu véritable et trois fois saint.

TABLE

I. — L'apostolat d'autrefois en Extrême-Orient 7
II. — La découverte de chrétiens japonais. 22
III. — Ruine de Bonga. — Martyre de neuf missionnaires français en Corée. 38
IV. — Le massacre de Tien-Tsin. 60
V. — Les missions de l'Indo-Chine orientale et les premières expéditions françaises 73
VI. — La famine dans l'Inde 100
VII. — Une colonie indienne. — Chez les Bahnars 115
VIII. — L'expédition du Tonkin et les massacres. 133
IX. — Les Boxeurs et les massacres des missionnaires en Chine. . 148
X. — Coup d'œil général sur les missions d'Extrême-Orient en 1900. 172

30180. — Tours, impr. Mame.

FORMAT GRAND IN-8º CARRÉ

2ᵉ SÉRIE

Monseigneur Puginier, évêque de Mauricastre, vicaire apostolique du Tonkin occidental, par l'abbé Jules Millot.
Missions d'Extrême-Orient (LES), par un Missionnaire.
Mission du Thibet (LA), par un Missionnaire.
Navire Église-Hôpital (LE), par P. Giquello, ancien aumônier des Œuvres de mer.